colección biografías y documentos

Enemigos

ERNESTO TENEMBAUM

Enemigos

Argentina y el FMI:
la apasionante discusión entre un periodista
y uno de los hombres clave del Fondo en los noventa

Prólogo de
FERNANDO HENRIQUE CARDOZO

GRUPO
EDITORIAL
norma

Buenos Aires, Bogotá, Barcelona, Caracas, Guatemala,
Lima, México, Miami, Panamá, Quito, San José, San Juan,
Santiago de Chile, Santo Domingo
www.norma.com

Tenembaum, Ernesto
Enemigos - 1ª ed. - Buenos Aires:
Grupo Editorial Norma, 2004.
336 p.; 23 x 14 cm. - (Biografías y documentos)
ISBN 987-545-202-5

1. Entrevista Periodística I. Título
CDD 070.44

Índice

Para Ale

Prólogo

Tras más de una década de predominio de dictaduras militares, inestabilidad monetaria y agotamiento del dinamismo de las economías de la región, América Latina en general y América del Sur en particular lograron éxitos importantes en los años noventa, en la búsqueda del desarrollo sostenible.

Pero los logros no ocurrieron de modo uniforme de un país a otro, así como no fueron uniformes los procesos de reformas, ni tampoco se dieron en términos definitivos y tajantes.

Eso explica que aún se discuta hasta qué punto, en realidad, fueron logros.

El fallo definitivo lo dará la historia. Y dependerá de la capacidad de los países de la región para aprender lecciones de los errores y aciertos del pasado reciente.

No se trata de realizar, según la visión que cada uno tiene de su pasado, un ejercicio autoflagelante o autocomplaciente, sino otro que permita ampliar las perspectivas de desarrollo de cada uno y de la región.

Este libro pone de relieve, aunque no exclusivamente, el caso más agobiante y dramático, por sus consecuencias, de los cambios habidos en América Latina en el período en cuestión.

La Argentina es el hilo conductor –a la vez afectivo, cronológico y analítico– de un diálogo duro y franco entre el periodista Ernesto Tenembaum y el economista Claudio Loser, el argentino que más alto llegó en la jerarquía del FMI.

Jefe del Departamento del Hemisferio Occidental, a él le tocó participar de las complejas negociaciones para implementar los programas de apoyo a México, Brasil y –el más controvertido– a su propio país, bajo las crisis financieras que afectaron a estos países en la segunda mitad de la década pasada.

En medio de la confrontación de opiniones, el lector hace de nuevo el recorrido, muchas veces vertiginoso, que llevó Argentina cuesta abajo en su rodada hasta la ruptura del régimen de convertibilidad, en diciembre de 2001.

No es necesario congeniar con el estilo de Tenembaum o aceptar como verdadero todo lo que dice para tener en buena cuenta el trabajo que hizo en el doble rol de entrevistador provocativo e interlocutor crítico.

Tampoco hace falta coincidir enteramente con los puntos de vista de Loser para reconocer su integridad intelectual y su rectitud personal, en el examen de episodios claves en que tomó parte.

Entre los muchos momentos atractivos del diálogo, destaco los que echan luz sobre la tensión entre la lógica económica y la lógica política, sobre la necesidad, para el tomador de decisiones, de encajarlas de alguna manera en un todo presumiblemente coherente y sobre la dificultad de hacerlo bajo condiciones de incertidumbre, que son típicas de situaciones de cambio estructural.

A mí, que por diez años estuve enfrentado con esta problemática, al inicio como Ministro de Hacienda y después como Presidente de Brasil, la lectura del libro me refuerza tres convicciones.

La primera es que no hay respuestas fáciles para esta problemática.

La segunda es que, por eso mismo, es fundamental mantener abiertos los canales de diálogo e intercambio entre distintos actores y puntos de vista, incluso cuando –sobre todo cuando– uno tiene una mayoría parlamentaria y política aparentemente incontrastable y todo parece conspirar a su favor (los mercados, el pueblo, etc.).

La tercera es que se impone construir instituciones que nos permitan evitar los males del pensamiento monolítico y de la rigidez sin caer en los riesgos del zig-zag inconsistente.

Necesitamos en América Latina de un pluralismo democrático y eficiente.

Y para eso es indispensable que los actores políticos y sociales, además de ponerse de acuerdo sobre las reglas de cómo van a disentir, compartan una visión común sobre el rumbo de sus países y, ojalá, de la región también.

Para la formación de esa visión compartida es imprescindible un debate que toque en los nervios expuestos de los cuerpos políticos.

Las relaciones entre el FMI y los gobiernos nacionales, en cuanto a la orientación e implementación de políticas públicas, siguen siendo un tema que despierta pasiones políticas en América Latina, sobre todo en la Argentina, por razones obvias.

Debatir este tema –no necesariamente para generar consensos, sino para, al menos, producir disensos más informados y menos dogmáticos– es fundamental en la región, sea para perfeccionar el diseño y el manejo de nuestras instituciones, sea para empujar al Fondo –con determinación pero también con serenidad– lo más adelante posible en su propio proceso de reforma.

En ese contexto este libro es, sin duda, un aporte valioso y oportuno.

FERNANDO HENRIQUE CARDOZO
Ex presidente del Brasil
Septiembre de 2004

Introducción
Durmiendo con el enemigo

Esto libro parece, aunque no lo es, una historia de amor. A principios de marzo de 2004, la conducción de la revista argentina *Veintitrés*, me pidió que consiguiera una nota con Claudio Loser, el argentino que más alto llegó en la historia del Fondo Monetario Internacional. Aunque, como muchos periodistas de este país, estoy familiarizado con el rol central que el FMI tuvo, y tiene, en el destino argentino, no conocía demasiados detalles internos de la vida del Fondo y, por lo tanto, tenía –apenas– una vaga idea de quién era Loser. En poco tiempo, percibí que el personaje era tan desconocido en la Argentina como central había sido su rol en América Latina durante la última década. Loser fue, nada menos, que jefe del Departamento del Hemisferio Occidental del FMI durante ocho años. Es decir, que era el miembro del staff del Fondo que conducía todo lo que se hacía en América Latina, desde países pequeñísimos como Trinidad y Tobago hasta potencias mundiales como el Brasil: el brazo ejecutor, para nuestro continente, de las directivas impartidas, básicamente, por Stanley Fischer, número dos y eminencia gris del FMI durante ese período. Loser, además, fue el economista que, personalmente, comandó la crisis mexicana de 1995, que quedó impresa en la historia mundial con el curioso nombre de Tequila, una bebida alcohólica que es casi un símbolo patrio para los mexicanos. Y fue, también, el principal responsable dentro del FMI –al menos a los ojos de Anne Krueger y Horst Köhler– de la debacle argentina de fines de 2001 (a tal punto era percibido así que, a mediados de 2002, la conducción del Fondo realizó una purga en el Departamento del Hemisferio Occidental, donde Loser fue la "víctima" de más alto rango). No hay presidente latinoamericano reciente –y mucho menos ministro de Economía– que no lo haya conocido, que no haya discutido o negociado con él: el FMI estaba omnipresente y Loser era un interlocutor habitual. Algunos de ellos, como el brasileño Fernando Henrique Cardozo o el mexicano Ernesto Zedillo, se transformaron en sus amigos personales.

A esta gente se la ubica, en general, por mail. Es decir, que le envié un par de mails excesivamente formales, que Loser no contestó. El tercero de mis mails fue más provocativo. Palabras más, palabras menos le explicaba que, en su lugar, jamás le concedería una entrevista a alguien como yo, que odiaba al Fondo Monetario Internacional. Recibí inmediatamente una respuesta con el mismo nivel de ironía, que disparó otro ida y vuelta. A las pocas horas yo ya le había propuesto la idea de realizar la entrevista por mail y él la había aceptado.

Ninguno de los dos sabía que estaba comenzando la historia de este libro.

Y mucho menos sus consecuencias.

A medida que corran las páginas, el lector encontrará afirmaciones curiosas, fundamentalmente si se tiene en cuenta que, quien las pronuncia, fue durante más de treinta años miembro del staff del FMI y, en la última década, uno de sus funcionarios más prominentes.

Loser, por ejemplo, confiesa que, en algunos momentos, sintió que cumplía un rol similar al que jugaban los marines norteamericanos cuando invadían un país para "estabilizarlo". "Eso es tan viejo como el mundo: los países poderosos dominan, o intentan dominar, a los débiles, con distintos instrumentos. Es como decir que el círculo es redondo", argumenta. O compara el clima de verticalismo interno que rige en el FMI con el del Vaticano, el viejo Partido Comunista o el Ejército. "Todo es muy estructurado. Muy seguro. Pero se pierde libertad personal." Revela además que, encandilado por la euforia financiera de los noventa, el Fondo olvidó incluso las recomendaciones de Adam Smith, cuando advertía contra la peligrosa tendencia de empresarios y banqueros a conformar monopolios. Y reconoce como un serio error haber creído que el mero crecimiento iba a terminar con los problemas sociales derivados de las reformas puestas en marcha: "En la década del noventa, hubo demasiado dogma y poca atención a la aplicación concreta de las políticas recomendadas". Puntualiza, finalmente: "Hemos pecado de demasiada arrogancia. Es justo que se nos vea como arrogantes. Muchas veces, el Fondo ha presionado a los países para que aprueben leyes en tiempo récord. Eso generó tensiones políticas innecesarias y, a veces, involuntariamente, estimuló procedimientos corruptos como la compra de leyes. Aparentemente, lo que ocurrió con la reforma laboral en la Argentina es un ejemplo de ello".

Es decir que Loser va mucho más lejos que todas las autocríticas que realizó el Fondo sobre su actuación en la Argentina.

Sin embargo, este libro no es una confesión. Ni siquiera es el testimonio de un arrepentido. Me atrevería a decir que Loser está razonablemente orgulloso de su paso por el FMI, organización a la que defiende la mayor parte de la entrevista. Uno puede imaginarse a los ex compañeros de Loser leyendo sus afirmaciones, sorprendidos por el nivel de atrevimiento o furiosos por cómo le hace "el juego al enemigo", un razonamiento tan típico de organizaciones verticales como el Partido Comunista, el Vaticano, el Ejército o, supongo yo, el Fondo Monetario Internacional.

Pero sería una lectura sectaria. Porque Loser no se fue del Fondo como un disidente y cree que el Fondo ha jugado –y debe jugar– un rol positivo para los países más débiles.

Por eso, su descripción del FMI es tanto más curiosa. Proviene de uno de sus "soldados". Ni de un izquierdista, ni de un globalifóbico. Ni siquiera de un vecino, como lo era Joseph Stiglitz,[1] el ex vicepresidente del Banco Mundial y premio Nobel de Economía, cuya aguda descripción del rol del Fondo aún no termina de ser digerida por sus integrantes.

En todo caso, los dichos de Loser reflejan hasta qué punto, luego de la sucesión de crisis financieras que comenzó en 1998 en Tailandia y terminó con el default argentino, el FMI está bajo la lupa de economistas, teóricos y hombres de poder de las más diversas tendencias y de los países más distantes.

La columna vertebral de este libro es un reportaje por demás inusual. Aunque el tono de la comunicación fue amable (al menos la mayor parte del tiempo), Claudio Loser no es mi amigo y yo llegué a él con la peor de las opiniones sobre el rol del Fondo Monetario Internacional, es decir, sobre el trabajo del propio Loser. Mi entorno social se burlaba de mí a medida que avanzaba el texto.

–¿Seguís escribiéndote con el asesino serial? –me provocó un día un colega.

Le transmití el comentario a Loser en nuestro primer encuentro en Buenos Aires y, por cierto, no le gustó nada. FMI, para gran parte de los argentinos, es una sigla maldita. Son tres letras que resumen, en el imaginario popular, una de las causas centrales del fracaso nacional. Para mí, para mi entorno, para mi familia –y somos personas moderadas– es muy difícil entender que los funcionarios del Fondo Monetario puedan ser personas respetables. No exagero si digo que la mayor parte de los argentinos responderían con la palabra "enemigo" ante una pregunta sobre qué les sugiere la sigla FMI.

Loser, por su parte, me incluye, aunque no lo diga directamente porque es una persona correcta hasta la exasperación, entre los argentinos que tienen una peligrosa tendencia a elaborar teorías sobre un supuesto complot internacional, que se apoya básicamente en el FMI, para destruir a nuestro país. Gran parte de su argumentación apunta contra ese fantasma que, según sostiene, no se limita a personas de izquierda sino a gran parte de la dirigencia nacional, fundamentalmente luego de la caída del modelo impuesto en la década del noventa. Opina, además, que el odio al FMI –y no las actitudes del Fondo– es una de las causas centrales del fracaso nacional: un país que, cada vez que quiere encontrar culpables, mira para afuera, jamás puede progresar.

Es difícil que dos personas con esos antecedentes se encuentren. Y que una de ellas le conceda a la otra el derecho de preguntar, y se tome el trabajo de responder, explicar, revelar algunos secretos, contar cómo vivió los hechos.

Loser merece un reconocimiento por esa actitud. A fin y al cabo, yo no tengo nada que perder en este intercambio.

Él sí.

Nadie va a juzgar a un periodista por el mero hecho de hacer un reportaje.

Loser, en cambio, decidió dar un salto peligroso: hablar sobre la organización verticalista a la que perteneció durante treinta años.

El primer mail está fechado el 15 de marzo de 2004. Desde entonces, casi todos los días recibí uno o dos mails de Loser. Escribió desde Washington, Quito, Tegucigalpa, Nueva York, San Pablo y Buenos Aires. En los comienzos del intercambio, a mí me parecía tan atrapante el trabajo, que chequeaba compulsivamente mi casilla de hotmail, con una ansiedad digna de otras causas. No conozco muchos otros trabajos realizados con esta técnica, a la vez tan distinta y tan parecida a la entrevista tradicional. A los dos o tres días de haber comenzado, yo percibía que, en cada respuesta, Loser abría varias puertas hacia caminos interesantes. En una hora de tiempo, un periodista se ve obligado a elegir: explorar unos caminos y cerrar definitivamente otros. Yo decidí que, mientras Loser no cortara el diálogo, le iba a preguntar todo lo que se me ocurriera. El tiempo, en este caso, era infinito.

El 15 de abril, Loser llegó a Buenos Aires en un viaje de trabajo. Una nota larga, para un semanario, apenas supera los quince mil caracteres. Para entonces, yo ya tenía editados cien mil. Hasta ese momento, Loser y yo no nos conocíamos las caras. El 16 de abril se produjo el encuentro. Conversamos sobre el trabajo que hicimos, sobre política, sobre economía. Y preguntó:

–¿Qué vas a hacer con ese trabajo?

Le propuse explorar la posibilidad de transformarlo en un libro.

Tenía todavía demasiadas preguntas.

¿Por qué el Fondo Monetario Internacional invitó a Carlos Menem, en un hecho completamente inusual, a presidir su asamblea anual en 1998? ¿No fue eso una evidencia de su complicidad con uno de los líderes más corruptos de la historia argentina? ¿Por qué, cuando habla del problema del gasto público argentino, no repara en las enormes transferencias de dinero que el Estado prácticamente le regaló al sector financiero con la privatización del sistema de jubilaciones? ¿No refleja ello que sólo conciben el equilibrio fiscal por medio del castigo a los más débiles? ¿Por qué recomendaron e impusieron ajustes sucesivos a una economía en recesión? ¿Cuál era la lógica de esa política que, como muchos advirtieron entonces y se ve claro ahora, iba derecho al fracaso? ¿Por qué no sugirieron la devaluación cuando todavía se podía hacer de manera ordenada? ¿Por qué realizaron préstamos gigantescos, como el blindaje de fines del año 2000 o el paquete de agosto de 2001, cuando ya sabían, sobre la base de experiencias anteriores, que esa asistencia era inútil para evitar la debacle y sólo servía para darle más tiempo a la fuga de capitales? ¿Por qué no repudiaron el megacanje, que sirvió sólo para que el país se endeudara aun más y algunos bancos se quedaran con ciento cincuenta millones de dólares de un país ya vaciado?

¿Saben algo de economía? ¿O su rol es, apenas, el de otorgar una pátina tecnicista a políticas que buscan favorecer la transferencia de recursos de los países en desarrollo hacia los sectores financieros de los países más poderosos?

Son preguntas agresivas para alguien como Loser, que perteneció durante tanto tiempo al FMI y cuya piel está aún en carne viva por una despedida que considera, al menos parcialmente, injusta.

Pero hay más.

La economía argentina vivió un rebote inesperado en los años posteriores a la devaluación y a la declaración del default. Según quien explique esa recuperación, acentuará alguna de las siguientes razones: el aumento sustancial del precio de la soja y el petróleo, la caída de la tasa de interés internacional, la mejor posición competitiva que alcanzó la Argentina gracias a la devaluación. En cualquier caso, está claro que un país puede recuperarse pese a haber tomado decisiones que cualquier economista ortodoxo, como Loser, juzgaría heréticas: desde el año 2002 en la Argentina rige doble indemnización por despido, es decir, que el mercado laboral es más rígido y no más flexible; los acreedores privados del país no perciben un peso sin que ello haya ocasionado ninguna tragedia ni que el país haya quedado aislado del resto de las naciones. Es más: la inversión y la exportación crecieron exponencialmente, es decir, que el país –pese al default– está mucho más integrado al mundo que antes. Como mínimo, ni el default, ni medidas que afectan a intereses poderosos (como las retenciones), ni el control relativo de capitales, ni la doble indemnización, han sido obstáculos para frenar el crecimiento.

¿Registran eso los economistas del Fondo? ¿Son capaces de volver a estudiar, de revisar por qué fueron demasiado optimistas respecto de los efectos de los ajustes que recomendaban, y demasiado pesimistas respecto de la devaluación y el default? ¿Se dan cuenta de que se han equivocado hasta el disparate y de que eso debería limitar su derecho a recomendar nuevas políticas?

Loser soportó, uno a uno, esos atrevimientos.

Este libro comenzó como un simple reportaje y no tiene otra ambición que ésa: es un testimonio más, emitido por un testigo privilegiado, sobre lo ocurrido en la Argentina durante una de las peores crisis de la historia. Como toda entrevista, intenta ser –además– un retrato del entrevistado: cómo vive, cómo piensa, cuáles son los valores –los declamados y los reales– de un funcionario del FMI.

Pero también es un debate que intenta quitarle a la economía el aspecto religioso que adquirió durante los años noventa. Por más de diez años, el mundo fue aturdido con verdades reveladas que hoy están en cuestión. Estaba claro quiénes eran los sacerdotes de la nueva religión y cuáles eran los caminos para alcanzar el paraíso. Las privatizaciones, la liberalización del mercado de capitales, la reducción casi a cero de los aranceles aduaneros, la flexibilización laboral, la reforma bancaria para concentrar los ahorros de un país en manos de conglomerados extranjeros, los ajustes en tiempo de recesión, eran parte de esa doctrina –aplicada en la Argentina con un dogmatismo que difícilmente tenga parangón en el mundo–. Quienes se oponían a ella eran ubicados automáticamente en un lugar de desprestigio, como si fueran incapaces de reconocer la luz de la verdad divina.

Las crisis de los noventa y el crecimiento consecuente del movimiento globalifóbico pusieron en tela de juicio todas aquellas verdades que, hoy, son discutidas apasionadamente en el mundo académico y político, aunque no todavía puertas adentro del Fondo Monetario Internacional, cuya autocrítica parece más bien limitarse a cuestiones instrumentales.

De cualquier modo, mientras la vieja religión tambalea, está claro que no ha aparecido una nueva: más bien, los líderes que se atreven a enfrentar el dogma de los noventa aplican una suerte de pragmatismo, de exploración mediante el ensayo y el error, donde no se diviniza o dogmatiza ningún instrumento per se. Ojalá el lector pudiera percibir en la discusión que atraviesa este reportaje algunos aspectos centrales de esa búsqueda abierta, de la cual depende el futuro de cientos de millones de personas. A lo largo del libro habrá múltiples referencias a ideas defendidas por economistas más y menos afines a las teorías del FMI y la economía ortodoxa. Una superficial recorrida por ellas refleja que la economía no es una ciencia cerrada, y que en el mundo se discuten con fervor, autoridad y solvencia muchas más cosas de las que, en principio, los liberales argentinos están dispuestos a oír. En ese contexto, las respuestas de Loser no son lineales. El lector percibirá cómo el ex funcionario del Fondo oscila entre la crítica y la defensa de la década del noventa, se acerca y se aleja de la actuación de los organismos internacionales, se cierra dogmáticamente en su manual de recetas ortodoxas sobre el manejo de la economía o acepta matices importantes.

La estructura del texto intenta respetar al máximo la cronología del intercambio de mails, pero su desarrollo fue emprolijado para permitir que la lectura fuera más fluida. Las notas al pie no son, en este caso, apenas un aspecto marginal del libro, sino un aporte que busca complementar el diálogo central. Según la opinión de uno de los colegas que leyeron el trabajo, "son como un libro paralelo". Algunas de ellas explican sintéticamente quiénes son los personajes citados, otras otorgan contexto histórico a los hechos y las discusiones y otras, quizá las más enriquecedoras, describen puntos de vista de economistas sumamente respetados en la Argentina y en el mundo, seleccionados según la simpatía del entrevistador y no necesariamente del entrevistado.

Al final de la entrevista, hay dos epílogos cuyo estilo traiciona la estructura pregunta-respuesta del resto del trabajo. El primero refleja mis opiniones sobre las respuestas de Loser y mi visión sobre el rol del FMI luego de esta larga discusión. El segundo es la conclusión final de Loser: correspondía, naturalmente, que él tuviera la última palabra.

Los mails comienzan apenas usted dé vuelta la página. Para el autor, en cambio, los mails terminaron hace ya un par de meses. Desde entonces, mi casilla de hotmail, se ha transformado en infinitamente menos interesante.

Es decir que este libro parece, aunque no lo sea, una historia de amor por carta.

Notas:

1 Joseph Stigliz fue premio Nobel de Economía gracias a sus estudios sobre teoría de la información asimétrica. Fue, también, vicepresidente del Banco Mundial y presidente del Consejo de Asesores Económicos de Bill Clinton. Después de publicar textos centrales para la teoría económica moderna durante décadas, Stiglitz escribió dos libros que generaron una conmoción política. El primero es *El malestar en la* *globalización*, donde analiza de manera crítica la actuación del FMI y el Banco Mundial durante la década del noventa. "Los problemas de las naciones en desarrollo son complejos, y el FMI es con frecuencia llamado en las situaciones más extremas, cuando un país se sume en una crisis. Pero sus recetas fallaron tantas veces como tuvieron éxito o más. Las políticas de ajuste estructural del FMI –diseñadas para ayudar a un país a ajustarse ante crisis y desequilibrios más permanentes– produjeron hambre y disturbios en muchos lugares, e incluso cuando los resultados no fueron tan deplorables y consiguieron a duras penas algo de crecimiento durante un tiempo, muchas veces los beneficios se repartieron desproporcionadamente a favor de los más pudientes, mientras que los más pobres en ocasiones se hundían aun más en la miseria", escribió. Sus críticas fueron especialmente dolorosas para el Fondo –hubo, incluso, una respuesta oficial– por el origen de Stiglitz: tenía prestigio intelectual indiscutible, no podía ser acusado de prejuicios ideológicos porque se trataba de un defensor de las ideas de libre mercado, y además venía de ser vicepresidente del Banco Mundial. El segundo libro, *Los felices noventa*, explica cómo la falta de control de los mercados financieros derivó en la peor crisis bursátil que soportaron los Estados Unidos desde la Segunda Guerra Mundial, con los escándalos de Enron, World Com, y otras firmas de primera línea. El hilo conductor de ambos textos es el mismo. En sus propias palabras: "Hace muchos años, la célebre frase del presidente de la General Motors y secretario de Defensa, Charles E. Wilson, 'lo que es bueno para la General Motors es bueno para el país', se convirtió en el símbolo de una visión particular del capitalismo norteamericano. El FMI, a menudo, parece favorecer una visión análoga: 'lo que la comunidad financiera opina que es bueno para la economía global es realmente bueno para la economía global y debe ser puesto en práctica'".

CAPÍTULO 1

Mails

*Donde un hombre confiado
comete el error de decir "trato hecho"*

15 de marzo de 2004

Sr. Loser:

Mi nombre es Ernesto Tenembaum y el objeto de este mail es pedirle una entrevista, que sería publicada en la revista Veintitrés, *de la Argentina. Si usted conoce nuestra revista, sabrá que no es un medio demasiado afín a las posturas del Fondo. Además, quizás usted no me conozca porque pasa poco tiempo en el país, pero en mi trayectoria profesional yo trabajé en* Página 12, *luego durante varios años en televisión con Jorge Lanata, y en los últimos dos años co-conduje* Periodistas, *mi propio programa. Todas razones para no concedernos la entrevista.*

A favor, tenemos algo: antes que defender posturas ideológicas, somos periodistas. Es decir, nos "puede" la curiosidad: nos es mucho más interesante conocer vidas ajenas que dividir al mundo entre buenos y malos (por más que los haya). Esa curiosidad nos ha hecho respetar en la Argentina y nos ha dado cierta repercusión internacional. En mi caso, tuve el privilegio de ser elegido en 1995 como uno de los seis periodistas de todo el mundo premiados con un año sabático en la Universidad de Stanford, en Palo Alto.

A mí, tanto como a mis editores, nos fascinaría poder tener una charla a fondo con uno de los argentinos que más conoce al Fondo por dentro. Quizás usted prefiera conversar personalmente antes de prender el grabador: para mi sería un placer. En todo caso, si existe alguna posibilidad y usted está dispuesto, la entrevista requeriría un tiempo mínimo de una hora.[2]

Atentamente,

Ernesto Tenembaum

P.D.: Le agrego un argumento más en contra de conceder la entrevista: leí todos los libros de Joseph Stiglitz.

Gracias por su atención.

Ernesto: Muy astuta la presentación. Acabo de regresar de la Argentina. No tengo problemas, en principio, para que hablemos. De paso: tengo buenos amigos de Rosario que vivieron en Washington y ahora están en Israel. También se llaman Tenembaum. ¿Son parientes?

Claudio M. Loser

Sr. Loser: Tengo parientes en Israel pero, hasta donde yo sé —no puedo dar fe de todos los actos de mi abuelo paterno— nunca los he tenido en Rosario. Le agradezco su respuesta, aunque hay algo que me preocupa: la expresión "en principio" incluida en la tercera oración de su e-mail. Suena, en principio, a la letra chica de un acuerdo con el Fondo. En principio, me da un poco de miedo.

Hablando en serio: no tengo manera de saber para cuándo planea su próximo viaje a la Argentina y cuáles son sus disponibilidades. Realmente, prefiero

esperar antes que hacer nada a los apurones. Si es po-
sible, por favor manténgame al tanto.
  Atentamente (en principio),
  Ernesto Tenembaum

No se preocupe. "En principio" es por disponibilidad
de tiempo. Yo voy a estar en la Argentina en un mes más o
menos, pero podemos hablar por teléfono antes. En principio, ¡MI CONDICIONALIDAD NO ES MUY COMPLICADA!!!!

16 de marzo del 2004

Claudio: estuve releyendo el curioso intercambio de
mails entre usted y yo y se me ocurrió una idea que, para
mí, sería un desafío intelectual muy atractivo: realizar la
entrevista de esta manera. Es decir, yo le mando un mail
un día, usted me lo contesta al siguiente y así hasta que
nos cansemos. Casi como los viejos partidos de ajedrez que
se jugaban por carta, sólo que un poco más divertidos
gracias a la velocidad del correo electrónico. Me parece
una idea original. Además, permite un tono epistolar
que es, como se ve, muy distinto del de un reportaje for-
mal (incluir ironías, referencias personales, pensar un
poquito más —pero apenas un poquito más— las respues-
tas). Por supuesto, antes de publicar nada, la versión de-
finitiva sería releída por ambos en su próxima visita a
Buenos Aires. Creo que sería una manera atractiva de
reflejar dos posiciones sobre la Argentina.
  Piénselo.
  Si está de acuerdo, yo tiro la primera piedra apenas
reciba su mail.
  Atentamente,
  Ernesto Tenembaum

¡Trato hecho! Estoy fuera de Washington el fin de semana, pero mirando mi e-mail, siempre que mi nieto, al que vamos a visitar, me lo permita.

Bueno.
Ahí vamos.
Que Dios nos ayude.

Notas:

2 La nota, finalmente, se publicó en la revista *Veintitrés* a fines de abril de 2004, bajo el título: "Me llamaban, en broma, el torturador de América Latina".

CAPÍTULO 2

Retrato de un tecnócrata

*Donde se compara al FMI con el Partido Comunista,
el Ejército y el Vaticano*

¿Me puede contar su primer y su último día en el
Fondo Monetario Internacional?

¿Por dónde empiezo?

Por donde quiera.

Del primer día recuerdo una oficina sin ventanas.
Del último, una botellita de antiácidos.

Empecemos por la oficina sin ventanas.

17 de marzo de 2004

El proceso de ingreso en el FMI fue largo. Me entre-
vistaron dos veces en la Argentina durante 1971. La primera, durante una misión de reclutamiento que estuvo
en la Universidad de Cuyo, en Mendoza. La segunda
vez fui entrevistado por una misión del Fondo que visi-
taba la Argentina. A fines del 71 llegó la oferta concreta junto al nacimiento de mi hijo Martín que, como bien
decía mi madre, llegó con un pan bajo el brazo. Llegué

a Washington el 29 de septiembre de 1972 y me incorporé el 2 de octubre. Tenía veintiocho años y bastante miedo. Hablé antes con un amigo argentino que ya estaba en el Fondo y, a su vez, con Ricardo Arriazu,[3] un brillante analista argentino. El Fondo era un lugar alejado tanto de mi país como de la academia, donde hasta entonces me sentía muy cómodo. Pero era también una gran oportunidad vivencial y financiera. Yo pensaba aprovecharla apenas durante un par de años. Lo primero que uno enfrenta, al llegar, es el papelerío burocrático. Luego me derivaron al departamento de control de calidad de los programas que se aplican en los diversos países: en ese momento se llamaba Exchange and Trade Relations Department, ahora se llama Policy Development and Review Department. Fui presentado al director, que era de origen checo, y a sus colaboradores. Era un mar de caras, manos, nombres, títulos y, sobre todo, preguntas sobre la Argentina, ya por entonces eternamente en crisis. Allí me llevaron a la oficina sin ventanas. Me dieron pilas de papeles, cerraron la puerta y me quedé solo con mi susto de provinciano. En los días siguientes quedó claro que trabajaría en temas relacionados con la gestión de deuda y sólo después de unos meses me asignaron a trabajar en las misiones de la República Dominicana, que no tenía problemas en ese momento. Lo que más recuerdo es mi oficina sin ventanas. Y mi miedo que, en realidad, no duró demasiado.

¿Y la botellita de antiácido?

Es lo que le dejé de regalo a mi sucesor, Anoop Singh. Yo había tenido un infarto en la década del noventa.

Todos sabemos que los funcionarios del FMI tenemos una alta propensión a los problemas cardíacos y digestivos. Entonces, tuve la delicadeza de regalarle el antiácido a Anoop.

¿Cómo lo tomó él?

18 de marzo de 2004

No lo sé exactamente. Nunca se sabe bien cómo toma las cosas Anoop. Pero cada vez que lo veo me pide que le regale otra.

Usted sabe que Anoop Singh ha sido una persona muy importante en las negociaciones de la Argentina posteriores al default. ¿Podría describirlo?

Anoop es muy equilibrado y poco transparente en sus emociones. Mantiene la calma en las situaciones más tensas. Nunca lo vi enojado. Es eficiente. Habla y escribe muy bien y opera muy bien con sus jefes, a quienes sabe complacer de manera muy eficaz en todos sus requerimientos y pedidos. Quienes lo respetan, lo consideran un hábil burócrata y un gran negociador. Quienes lo odian lo consideran, también, un hábil burócrata pero demasiado preocupado por escalar posiciones.

Usted se fue mal del FMI, ¿no es cierto?

Digamos que mi despedida fue muy diferente de lo que había imaginado.

¿Podría contarme cómo fue el momento en que lo echaron?

No me gusta poner las cosas en esos términos. Yo no diría que a mí me echaron.

La prensa reflejó más o menos eso: que usted cayó como consecuencia de una purga que afectó a todo el Departamento del Hemisferio Occidental, posterior a la crisis argentina.[4]

19 de marzo de 2004

Los medios sólo reflejaron parte de la verdad. Yo fui director del Departamento del Hemisferio Occidental durante ocho años. En los últimos veinticinco años, fui la persona que más duró en el cargo. Fue un período muy complejo, con muchos cambios en la estructura de poder de la organización. Ya –probablemente– había llegado la hora de dejar el puesto. Además, no veía las cosas de la misma manera que Horst Köhler. Yo era producto de la época de Larossier, Fischer, Camdessus. Y con Köhler, las cosas empezaron a cambiar.

¿En qué sentido?

Tenía una posición más dura, mucho menos flexible y quería contar con su gente. Yo pertenecía a la conducción saliente.

Por su parte, yo estaba llegando al final de mi segundo período en el cargo y el FMI tenía todo el derecho a cambiar un director. Yo ya estaba en edad de retirarme, aunque podría haberme quedado más tiempo y hubiera preferido hacerlo. En conclusión, decir solamente que me despidieron tiene una brutalidad que distorsiona la manera en que ocurrieron las cosas. Y me duele. De cualquier modo, no esperaba que la definición se diera de esa forma.

¿Puede ser más preciso?

No mucho. Del lado de Köhler se difundían críticas según las cuales el Departamento había sido demasiado condescendiente con América Latina y, por ello, había perdido objetividad. Supongo que lo discutiremos cuando recorramos específicamente el caso argentino, pero desde ya le adelanto que no fue así. La discusión definitoria –y no voy a entrar en detalles– la tuve con Köhler, que se portó con altura y me trató muy razonablemente, dentro de las circunstancias. Yo puedo tener diferencias con él pero allí mostró tener el valor que va con el puesto, y no mandó a otro con la mala nueva. A nivel personal se portaron todos muy bien, aunque algunos criticaron la manera en que se tomó la decisión.

Dentro de mi Departamento hubo bastante enojo, porque retiraron de una forma u otra a casi toda la plana mayor, que estábamos en edad de retiro. Hubo momentos duros, pero no muy diferentes que en otros casos.

La historia dirá si fue una buena decisión. Yo no opinaré al respecto a esta altura. Estoy muy contento donde estoy.

¿Puede describir la confrontación de argumentos entre el Departamento del Hemisferio Occidental y la

conducción del FMI? ¿En qué se basaban ellos para sostener que ustedes habían sido demasiado blandos y en qué ustedes para decir que no?

20 de marzo de 2004

Eran diferencias de estrategia y no de principios. La Gerencia pensaba que la retórica latinoamericana, muy florida, implicaba poca voluntad de acción, lo que no siempre es cierto. Pensaban probablemente que nosotros teníamos demasiada preocupación por la situación política y eso motivó –según su visión– la toma de decisiones incorrectas. A veces, se pide al personal técnico que haga una evaluación económica técnica y nada más, para que en el más alto nivel se tomen decisiones teniendo en cuenta la política. Eso es imposible. Nosotros hablábamos del contexto político como condición necesaria de comprensión de los problemas. Pensábamos exactamente de la misma manera acerca del camino que debían tomar los países. Pero disentíamos, si se quiere, en la táctica de negociación: los tiempos, las maneras de presionar, la diferente flexibilidad al otorgar o no nuevos créditos. En el caso argentino, antes de la crisis, discutíamos puertas adentro cuáles eran los riesgos y los beneficios de salir de la convertibilidad: cómo encontrar la manera de salir de la trampa del tipo de cambio fijo sin caer en el caos. Está visto que no la encontramos. Pero el detonante fue la distinta perspectiva que había respecto del gobierno de Duhalde. Yo era más gradualista. Creía, y creo, que debíamos haberlo apoyado a medida que se ponían en marcha algunas reformas. Köhler pensaba que la Argentina debía pagar lo que había hecho y que sólo había que prestarle dinero una vez que cumpliera con todas nuestras condiciones. Creo que esa divergencia fue definitoria en el proceso que terminó con mi reemplazo, aunque jamás voy a tener certidumbre completa.

21 de marzo de 2004

Quiero contarle una historia que, creo, tiene que ver con su salida del Fondo. Mi padre fue militante primero y dirigente después del Partido Comunista. Entró a fines de la Segunda Guerra, cuando no tenía aún quince años, motivado por su pertenencia a un hogar de origen moderadamente socialista, pero que estaba agradecido por la participación de la URSS en la Segunda Guerra Mundial. No se horrorice. Fue preso en la época de Perón, hizo guardia frente a un retrato de Stalin el día de su muerte, me llamó Ernesto en homenaje al Che y Raúl en homenaje nada menos que al hermano de Fidel Castro. No se asuste. Como era una persona con espíritu crítico, empezó a dudar de su causa cuando Nikita Kruschev denunció que los crímenes de Stalin no eran una mentira del imperialismo: habían ocurrido. La crisis se acentuó cuando rompieron Rusia y China a mediados de los sesenta. Y rompió, finalmente, cuando ocurrió la Guerra de los Seis Días, el mundo socialista se alineó con los árabes, y asumirse como judío pasó a ser una mala palabra dentro del PC. Fue una gran crisis para él. Rompió con una cosmovisión, con un marco de pertenencia, con una razón de vivir. Le contaba esto, porque quería preguntarle acerca de su relación personal con el Fondo. Usted entró en 1972 y se fue en el año 2002. Deben hacer sido treinta años intensos y apasionantes, que –aparentemente– ya terminaron.

¿Cómo se siente salir a la intemperie? ¿Más libertad?
¿Menos presión? ¿Más soledad? ¿Es un momento de crisis?
Su salida, para colmo forzada, ¿representó un punto de
ruptura en su vida?

22 de marzo de 2004

Fascinante la historia que me cuenta. ¿Usted sabe que en mi juventud yo tenía militancia sionista socialista? No me fui a vivir a un kibutz porque en el fondo, y también en la forma, fui y soy un burgués. Pero mi hermano y muchos amigos sí lo hicieron, persiguiendo el ideal del hombre nuevo (o la mujer nueva, para que nadie se ofenda). Mi hermano vivió en un kibutz durante treinta y siete años, junto con su señora, cuyo hermano, creo, era miembro del Partido Comunista en Buenos Aires. Ahora integran la clase media argentina. Así que no se preocupe. No me horrorizo.

Tiene razón. Salir del FMI fue una bisagra en mi vida, un momento muy complejo. Yo siempre comparé al FMI con otras tres estructuras que, también, tienen una gran cohesión y disciplina vertical: el viejo Partido Comunista (no estoy bromeando); la organización del Vaticano y el Ejército. Todo es muy confortable, muy estructurado. Hay mucha presión, mucho trabajo y muchas satisfacciones. Pero hay poca libertad de acción. Y uno ya ni se imagina que hay vida afuera. Es una pregunta retórica muy habitual entre los miembros del staff. ¿Hay vida afuera del FMI?

Yo extraño la calidad del diálogo intelectual y, sobre todo, los recursos humanos: imagínese contar con novecientos economistas de primer nivel. Ahora gozo, en cambio, con mi libertad de acción, mi libertad de expresión (aunque con cuidado), y con la liberación respecto de una enorme presión. He subido de peso pero mejorado mi calidad de vida.

Mi pertenencia al FMI me dio la posibilidad de ver las cosas en forma diferente y conocer gente distinta. Pero no es así para todos. No me arrepiento de esos años, que fueron buenos, aun pese al infarto y al *by pass*. Pero no tengo nostalgia: trabajo mucho y tomo mis propias decisiones. Es liberador. No miro al pasado con pena o enojo o nostalgia. Pero estoy en otra cosa, quizás en el ocaso, pero con horizontes nuevos. Creo que tengo mucha suerte de poder sentirme así. Gracias por preguntar.

¿Siente realmente que está en una especie de ocaso?

Después de esto, voy a tener que pagar un psicoanalista. Yo estoy empezando a explorar si hay vida fuera del Fondo. A nivel emotivo e intelectual, no me siento en el ocaso, sino renovado para una nueva etapa. Sin embargo, entiendo que terminó lo que se considera la etapa más productiva en mi trabajo. Dicen los que saben, que si uno está en la latitud correcta –más cerca del Polo Sur o del Polo Norte– los ocasos son largos y muy hermosos. Como muchas cosas en la vida, depende de cómo y dónde uno se pare.

¿Quién le provocó el infarto? ¿Menem, De la Rúa, Salinas o Cardozo?

23 de marzo de 2004

Todos.

Era un chiste.

Fueron mis hábitos de comida y el exceso de trabajo. Aunque uno en el Fondo tiene estabilidad –algo muy importante– siempre debe correr detrás de fechas límite, crisis de países y no hay ningún espacio para negarse a satisfacer demandas que llegan de todos lados. En ese momento, yo cumplía roles de gerente administrativo y de Personal, además de mis obligaciones como economista. Eran momentos complicados para el mundo. Quizá mi personalidad neurótica ayudó bastante. Como le decía antes, entre el personal del Fondo hay una incidencia muy grande de problemas cardiovasculares, de tensión, de enfermedades estomacales (úlceras, etc.) y de enfermedades ligadas con viajes a países tropicales. Estos problemas ocurren mucho más en el Fondo que en el resto de la población equivalente de los Estados Unidos y Europa.

¿Podría describirme al estereotipo del economista del Fondo?

Le diría que el FMI está compuesto por un grupo de expatriados, por voluntad propia, que se comunican todo el tiempo entre ellos en inglés. La mayoría de nosotros tendría dificultades para reinsertarse en sus propios países pero tampoco pertenecemos al país donde vivimos. Es decir, nuestros amigos, mayoritariamente, integran el staff del Fondo, o de algún otro organismo internacional como el Banco Mundial o el BID.

Eso genera, le reconozco, cierto aislamiento respecto del mundo exterior. Es una de las críticas que nos hacen. Me parece que se exagera la magnitud del problema. Pero no dejo de reconocer que el problema existe.

Dice mi señora, que sigue al minuto nuestro intercambio epistolar, que un aspecto importante de la vida del personal del FMI es que las familias sufren mucho las separaciones (a veces duran hasta cuatro semanas). Eso es muy cierto. La mayor parte del cuerpo profesional del FMI está integrado por economistas, una profesión que debe incluir una altísima proporción de personas que se creen dueñas absolutas de la verdad. En eso, competimos con los abogados y los médicos. Y, a veces, creo que les ganamos. Los economistas del Fondo vienen del mundo académico, donde se destacaron, y en ese caso se creen estrellas. O vienen del Estado, y se sienten jefes. Son –somos– ambiciosos, un poco soberbios y muy dedicados, yo diría que adictos, al trabajo.

No se enoje por lo que le voy a decir: tenemos también un gran sentido del servicio público.

Y una buena casa, y todos priorizamos poner nuestro dinero en la educación de nuestros hijos. Es la primera preocupación.

Parece un mundo tan prolijo que irritaría a cualquiera que conozca la vida real.

En la superficie, es una familia muy prolija. Bajo la alfombra, todos tenemos otras historias. Le suplico: no me pregunte por las mías.

*Imagino que visitó muchos países. ¿Los conoció real-
mente? ¿O todo consistía en ir del hotel cinco estrellas a
las alfombras del poder?*

24 de marzo de 2004

Conocí por lo menos cincuenta países, y sus capitales. Aunque íbamos a hoteles buenos, se consideraba
poco serio tomarse tiempo libre. Las horas eran larguí-
simas. Muchas veces, las autoridades elegían los lugares con malicia, para que nuestra vida en sus países
fuera difícil y nos fuéramos pronto. Nos ponían a todos en una pieza, nos apagaban el aire acondicionado
en países tropicales después de cierta hora, y nos daban, a veces, vehículos peor que malos. No me quejo,
pero las cosas como son. Yo, como jefe de misión,
siempre trataba de convencer a la gente de conocer el
país, en contra de la práctica habitual del Fondo. Ayuda a entender de qué se trata y mejora la productividad.
Pero es difícil quebrar la inercia de los economistas
"serios". Las visitas, en mi opinión, permiten entender
y querer a América Latina y el Caribe, algo que no todos
en el FMI entendían.[5]

¿Qué trabajos le impedían conciliar el sueño?

El más tenso de todos fue el trabajo con México durante la crisis del Tequila. Yo participé, en distintos roles, de las negociaciones que se produjeron en todas las
crisis mexicanas desde 1982. En 1995 parecía que el
mundo se derretía. La Argentina siempre tuvo un efecto demoledor sobre nosotros: es un país que nunca

agota su capacidad para desilusionarte. Para colmo, yo soy argentino y eso acentuaba de alguna manera todas las sensaciones.

¿Qué clase dirigente le sorprendió por su calidad y cuál por su falta de preparación?

En primer lugar, sin duda, figuran los mexicanos y los chilenos. Son clases dirigentes muy concentradas en defender sus ideas –muchas de las cuales coinciden y otras disienten con las del Fondo–. Y lo hacen de manera coherente. Ambas encontraron sus maneras de ir solucionando la tremenda herencia que les dejó la crisis de los petrodólares a comienzos de los ochenta. Son clases dirigentes con alto nivel de coherencia y capacidad de aprendizaje. Muy cerca figuran los brasileños y, después, los colombianos. En un segundo nivel, figuran los colombianos y los brasileños. Equipos difíciles: Perú, en el pasado lejano y México también hace veinticinco años, porque nos mentían, pero eso después cambió; Ecuador, por su discontinuidad, Dominicana y quizá Jamaica, con grandes negociadores pero interpretando demasiado la letra y no la intención. La Argentina no generaba esos problemas: su problema era el caos, mucho más que el engaño. Tiene gente muy brillante a nivel individual, pero mucho menor disciplina de equipo y continuidad.

¿Es así realmente como se ve a la clase dirigente argentina desde afuera?

25 de marzo de 2004

¿Y no se la ve de la misma manera desde adentro? ¿Usted no percibe la falta de continuidad en las políticas, los odios acumulados, la incapacidad de lograr consensos? Fíjese un dato: no hay ningún presidente, civil o militar, que haya terminado bien su mandato, yo diría que desde la década del treinta. Es un caso único en el continente. O terminan presos, o fuera del país, o recluidos, o derrocados o se van antes de tiempo. Cada uno que asume, odia al anterior. Las peleas son irreconciliables. Encima, es una clase dirigente colmada de personas muy talentosas... pero todas peleadas entre sí y sin conceptos, ideas básicas aglutinantes. Es, realmente, un fenómeno muy particular. Y, aun cuando el contexto internacional sea perfecto y sus protagonistas magnánimos –no ocurre, desde ya, ni una cosa ni la otra– es muy difícil que un país funcione bien con esos códigos entre la clase dirigente.

¿Qué trabajos le producen orgullo al día de hoy?

Básicamente, las sucesivas negociaciones con México en los ochenta y los noventa. Y también las negociaciones con Chile en los ochenta. Antes de que me lo pregunte: sí, fue durante el gobierno de Pinochet.

¿Alguna vez militó en política?

Nunca, salvo dentro de la comunidad judía, si es que eso se puede llamar militancia política. Era más bien un estudiante aplicado. Además, me costaba mucho encontrar una agrupación política que conciliara mis valores económicos conservadores con mis ideas sociales no conservadoras. Dada mi condición de judío, tanto la izquierda como la derecha querían incorporarme a sus filas. Pero yo percibía el prejuicio. Tuve buenas relaciones especialmente con el nuevo peronismo.

¿Es todavía usted un judío militante?

Voy al templo muy seguido, aquí en los Estados Unidos es más fácil. Por supuesto que no uso gorrita, no como *kasher* (mejor dicho, como las dos cosas). Les he transmitido esa identidad a mis hijos, que la han asumido sin ningún problema. Mis padres huyeron de Alemania justo antes del comienzo del holocausto, cosa que seguramente influyó en mi visión de las cosas. Ya no soy un militante pero sí un practicante.

¿Ustedes, en el FMI, perciben el odio de la inmensa mayoría de la gente? ¿Le asignan algún valor a esa mirada?

Yo percibo la desconfianza, naturalmente. No somos ciegos. Sabemos leer los diarios. Pero no sólo eso. En mi caso personal, hace treinta y tres años que estoy casado con la misma mujer, y tengo algunos años más de estar asociado con ella. Después de todo este tiempo, ella sigue siendo mi principal crítica, señala los mismos puntos que usted y desconfía mucho del FMI. Muchas veces, sus comentarios –como los de tanta gente– me hacen acordar al chiste del banquero y el ojo de vidrio. ¿Lo conoce?

51

27 de marzo de 2004

No. ¿Cómo es?

Una persona desesperada le pide un crédito a un banquero, digamos el FMI. El banquero es un tipo frío, conservador, distante, algo soberbio. Y se niega. No quiere saber nada. Pero su potencial cliente está demasiado angustiado. Insiste, lo persigue, no lo abandona ni a sol ni a sombra. Hasta que el banquero cede.

–Le voy a dar el dinero si adivina cuál de los dos es mi ojo de vidrio –le propone.

El tipo no duda un segundo y señala el ojo derecho. Sorprendido, el banquero le pregunta:

–¿Cómo lo adivinó?

–Muy sencillo –responde el cliente–, elegí el ojo más humano.

Ésa es la imagen que tiene usted del Fondo, ¿no es cierto?

Los días en que estoy condescendiente, ésa es la imagen que tengo del Fondo.

28 de marzo de 2004

Muchos piensan que el FMI es así. Es simplista. Es como decir que el Estado argentino tiene –o no– sentimientos. Los individuos tienen sentimientos. La institución tiene que cumplir un rol, como un dentista o un bombero. Hay que hacer el trabajo aunque a uno le cueste o provoque dolor. No es una institución de caridad pero tampoco es deshumanizada. Los individuos que lo forman son tan humanos como cualquiera, y yo diría que el personal tiene valores éticos muy fuertes. Los funcionarios del Fondo podremos no ser simpáticos o agradables. Pero tenemos un trabajo, y deben controlarse los sentimientos. Muchas veces es tremendamente frustrante ser del Fondo. Nos atacan desde la izquierda, desde la derecha, desde el Banco Mundial.

No hay ninguna responsabilidad de ustedes.

Le acepto que el FMI muchas veces no ha tenido la sensibilidad política necesaria para entender qué pasa en los distintos países, que busca soluciones basadas en la experiencia pasada y le cuesta experimentar, y es cierto que los países grandes tienen una influencia desmedida y difícil de controlar. Pero eso no es por voluntad del staff.

Por supuesto que, en una institución de casi tres mil personas, entre las cuales hay una cantidad importante de "doctores", que tienen personalidades fuertes, hay infinidad de matices y características personales. En términos de Oriente Medio, le diría que los matices van desde los ayatolas ideológicos hasta los mercaderes de alfombras y yo debo estar entre estos últimos. Pero, de cualquier modo, hay sentimientos de confianza, de desconfianza, de dolor por lo que puede pasar en un país. Y de alegría cuando las cosas van bien.

Le juro que no parecen personas tan sensibles.

Hay una percepción negativa, porque el FMI siempre viene cuando la situación es de crisis y dice que hay que ajustar. Pero nunca, se lo puedo demostrar, intenta que el pato lo paguen los más débiles. Esas acusaciones surgen de la falta de voluntad política para que pague la clase media (que vota y protesta) y los ricos, que son influyentes. En los últimos quince años el FMI buscó enfatizar las redes de protección a los pobres. Cuando se ajusta por reclamo del Fondo, no se tocan los planes sociales. Las principales crisis no se deben a nuestra responsabilidad exclusiva. Como mínimo, surgen de realidades políticas internas muy complicadas, junto con errores de evaluación nuestra.

Unas páginas atrás usted contó que uno de los trabajos que le dio más orgullo fue en Chile, mientras gobernaba Pinochet. Le quería preguntar: ¿cuál es el límite? ¿Con qué Gobierno usted jamás hubiera trabajado? Ustedes han trabajado con ladrones y con dictadores. ¿Hay algún límite?

Existe una respuesta institucional a eso. Y uno tiene que aceptarla. Si una autoridad está constituida y reconocida internacionalmente, ya es una contraparte válida. Así es en el mundo diplomático y nadie lo discute. Finalmente, si la división es entre ustedes y nosotros, diría que, si nosotros hemos trabajado con ladrones y dictadores, ustedes han votado a unos y tolerado a los otros. Es más complejo que eso. Naturalmente, yo no tenía conciencia plena de todo el proceso represivo en Chile. No estaba en la conciencia pública internacional o mundial.

En la década del ochenta se sabía todo lo que había ocurrido.

Todos seguíamos el principio institucional que le mencionaba antes.

Por eso le insisto. No es un juicio: es sólo una pregunta. Presumo que usted no hubiera trabajado con Hitler o con Khomeini. ¿Existe algún límite moral o, al menos, de estómago?

Probablemente no hubiera trabajado con Hitler o con Khomeini.

Por eso: ¿cuál es el límite?

El límite está establecido institucionalmente, salvo que alguien tenga una convicción extremadamente fuerte en un punto personal.

En toda institución hay gente que pone límites. Hasta en el Ejército israelí hay desertores, como los hubo en el norteamericano.

No es algo que yo me cuestionara demasiado. Ésa es la respuesta más honesta que puedo darle.

¿Recuerda que alguien lo hiciera?

Si alguien lo hizo, no lo recuerdo.

Hay una vieja frase de Mariano Grondona que dice: "A nosotros los liberales nos importó siempre más la flotación del dólar que la flotación de cadáveres".

Es muy dura. Nunca me lo planteé así. Nosotros minimizamos la existencia de problemas, como si se hubiera tratado de un mal necesario: pelearon y, bueno, hay que seguir. En el caso de Chile creo que el proceso de la represión fue más limitado. En la Argentina deberíamos habérnoslo planteado mucho más. Pero había menos conocimiento.

Notas:

3 Ricardo Arriazu es uno de los economistas ortodoxos con más prestigio académico y menos exposición pública de la Argentina, al menos en las últimas décadas. Cumplió funciones en el Estado en tres oportunidades. En la primera, a los veintiséis años, fue representante argentino ante el FMI. En la segunda, durante el período de Isabel Perón, en 1974, acompañó a Alfredo Gómez Morales, el ministro de Economía que reemplazó a José Ber Gelbard. Pero su tercera gestión fue la que dejó impreso su nombre en la historia. Arriazu fue el autor intelectual de "la tablita cambiaria", que guió las variaciones del tipo de cambio durante la gestión de José Alfredo Martínez de Hoz en el Palacio de Hacienda. La "tablita" fue una especie de antecedente moderado de la "convertibilidad": aseguraba dólar barato durante muchos años. A fines de los ochenta, la imposibilidad de mantener ese plan terminó con la gestión de Martínez de Hoz y, poco tiempo después, provocaría la primera crisis de la deuda. Arriazu era un colaborador de máxima confianza de Adolfo Diz, primer presidente del Banco Central durante la dictadura militar.

4 El alejamiento de Claudio Loser del Fondo Monetario Internacional se anunció el 10 de junio de 2002. En un comunicado oficial, Horst Köhler dio a conocer su decisión de reemplazarlo por Anoop Singh. Köhler destacó que Singh "demostró un fuerte liderazgo operacional e intelectual en varias de sus misiones", agregó que la experiencia de Singh "servirá para que enfrente los desafíos de esta nueva posición en esta región de importancia crítica". Con respecto a Loser, el titular del FMI le agradeció "por el apoyo brindado y por haber estado de acuerdo en trabajar estrechamente con Singh durante la transición" hasta que el indio asumiera definitivamente la conducción de la oficina del Hemisferio Occidental. "Loser brindó un excelente servicio al FMI durante su distinguida carrera", elogió Köhler. Los hechos, como suele ocurrir, no coincidían completamente con el comunicado oficial. El corresponsal en Washington de *La Nación* describió el reemplazo de Loser en una nota titulada: "Singh por Loser: un triunfo del ala dura". "El titular del FMI, Horst Köhler, terminó imponiendo su criterio y control en el organismo. Ayer designó al economista indio Anoop Singh como titular del Departamento del Hemisferio Occidental, en reemplazo del argentino Claudio Loser, cuyo poder comenzó a apagarse en febrero, cuando fue desplazado de la negociación con la Argentina, acusado de haber sido demasiado blando. Con la llegada del economista indio al Departamento Occidental, la crisis argentina vuelve a estar en la órbita de esa estructura, pues en febrero su tratamiento había sido transferido a la de Operaciones Especiales (...) La formalización del nombramiento de Singh es la ratificación de la línea dura frente a las crisis, que el Fondo comenzó a practicar con Turquía en 2001 y con la Argentina a partir de diciembre, cuando decidió no otorgarle más financiamiento. Singh había asumido el 25 de febrero como director de Operaciones Especiales, jerarquía creada por Köhler para manejar crisis financieras. Ésa fue la principal señal de la purga que vivió el organismo en los meses siguientes al colapso argentino, tras los cuestionamientos a la actuación del FMI".

5 Para algunos, la resistencia de los funcionarios del FMI a conocer a fondo los países a los que recomiendan políticas no es un tema menor. Según Joseph Stiglitz: "Por lo general, los programas son dictados desde Washington y perfilados por breves misiones durante las cuales sus funcionarios escudriñan cifras en los ministerios de Hacienda y los bancos centrales, y se relajan en hoteles de cinco estrellas. En esta diferencia hay algo que trasciende lo simbólico: uno no puede conocer y amar a un país si no se va al campo (...) La guerra moderna de alta tecnología está diseñada para suprimir el contacto físico: arrojar bombas desde cincuenta mil pies logra que uno no 'sienta' lo que hace. La administración económica moderna es similar: desde un hotel de lujo uno puede forzar insensiblemente políticas sobre las cuales uno pensaría dos veces si conociera a las personas cuya vida va a destruir".

Capítulo 3

Menem

*Donde se discuten los errores y los excesos
de la década del noventa*

29 de marzo de 2004

Quisiera preguntarle sobre algunos hechos concretos. Me interesaría saber cómo se decidió que Carlos Menem presidiera junto a Bill Clinton la asamblea anual del FMI en 1998:[6] quiénes lo impulsaron, quiénes lo resistieron, qué comentarios generó a posteriori, de qué manera operó el Gobierno argentino para que ello sucediera. Fue un episodio histórico y sería muy interesante saber cómo se vio desde el staff del FMI.

En el año 1998 el FMI, especialmente su director, Michael Camdessus, estaba bajo fuertes ataques por la crisis del sudeste asiático. A la larga, creo que esas críticas eran injustas, salvo por algunos serios errores iniciales. Y la Argentina, al contrario, era percibida como un caso ejemplar, por lo menos, entre los círculos financieros y políticos internacionales: era algo que Camdessus podía exhibir como un logro. La presencia de Carlos Menem fue puramente mediática, y se decidió a los niveles más altos entre la Presidencia, el Director Gerente, y el Director Ejecutivo argentino. Yo no participé en el proceso, aun a pesar de mi puesto aparentemente alto. (No tengo ninguna intención de presumir acerca de mi poder en aquel entonces).

Creo que fue el Gobierno argentino el que ofreció la participación de Menem, enterado como estaba de la situación que le mencioné antes. Camdessus tenía buena relación con Menem, quien es, sin duda, un hombre muy hábil. La visita fue organizada casi en secreto. Y fue un hecho muy inusual. Siempre, en esas asambleas, está el presidente del país anfitrión (o su ministro) y por eso estuvo Clinton. El contacto entre los dos fue mínimo, apenas dos o tres minutos. Y la presencia de Menem complicó muchísimo el protocolo.

El staff no estaba muy contento, ni fue consultado, pero era una decisión de Gerencia, y las decisiones de Gerencia no se discuten. Quienes seguíamos de cerca a la Argentina sabíamos que había problemas económicos (aunque incipientes) y que había también una acción mediática por parte de Menem.

Probablemente, fue un viaje relámpago de utilidad mutua.

Menem se fue el mismo día. Su presencia me creó serios problemas logísticos. Por motivos de seguridad, y por la actitud de su cortejo, hubo que mover ministros de mesas a muy último momento. Tuvimos que pelearnos con la delegación, porque, con razón, nosotros les dábamos prioridad a los ministros de Economía de la región y no a los ministros políticos de Menem, que se creían con derechos adquiridos.

En resumen, la visita fue un show con más impacto en la Argentina que afuera. En el FMI, no tuvo mayores consecuencias, salvo que Menem ayudó algo a Camdessus.[7]

Corríjame si entendí mal. Los técnicos del FMI ya percibían problemas en la Argentina. Pero no son los que toman las decisiones políticas de alto nivel. O sea, que aunque ellos vean problemas en un país, si los "círculos financieros y políticos internacionales" ven otra cosa, las decisiones se toman en función de la percepción y las necesidades de éstos y no de aquéllos. ¿Es así? ¿Fue así en el caso argentino?

En esa época era muy difícil criticar a la Argentina. Nosotros transmitimos nuestras preocupaciones. Pero eran pocos los que querían escucharlas. Había demasiada euforia. Es difícil imponer racionalidad en momentos de euforia. Hay demasiado dinero en juego. Lo he visto muchísimas veces.

Ahora: de todos modos, Camdessus –como todos los "círculos políticos y financieros" del mundo– elegía legitimar a Menem, o dejarse legitimar por él, que para el caso es lo mismo. Menem, a esas alturas, no sólo conducía un país que iba camino al desastre sino que, además, era uno de los líderes más acusados de corrupción del mundo.[8] ¿Nada de eso le pesaba a Camdessus? ¿Nada de eso le pesaba a los "círculos políticos y financieros del mundo"? ¿Camdessus subordinaba todo a su supervivencia política? ¿El Fondo creía que un país gobernado por un grupo de ladrones puede sobrevivir siempre y cuando los ladrones apliquen las medidas técnicas apropiadas?

1. Para empezar toda institución es política, y sujeta a influencias. El Fondo, en ese sentido, no es una excepción.

Muchas veces se toman decisiones por presiones de distintos factores de poder. Ésa no era la primera ni sería la última.

2. En ese momento no se consideraba que la Argentina iba al desastre, sino que había problemas, lo que es diferente. La situación se complicó después.

3. Los problemas de corrupción, es verdad, existían. Pero el hecho de que hubiese denuncias no quería decir que ellas fueran ciertas. Un organismo internacional no puede tomar sus decisiones sobre la base de denuncias aún no comprobadas.

4. Aunque hoy la Argentina quiera negarlo, el presidente Menem era legítimo poseedor del poder, con dos elecciones donde ganó claramente, y con un Congreso a su favor. Quizá los argentinos se equivocaron, pero eso no cambia nada: era un presidente legítimo. Además, gobernó en la década de más alto crecimiento en la historia hasta ese momento, y con grandes aumentos en productividad. Ahora, supóngase que Menem era el demonio. ¿Quién lo eligió?[9] ¿El FMI? ¿Usted pretende que nosotros elijamos los presidentes argentinos con los que hablamos? ¿Alguna vez los argentinos admitirán que votaron a Menem y que lo hicieron dos veces, sin contar las elecciones parlamentarias? Por un lado, nos critican nuestra supuesta visión colonialista y nos piden que no nos metamos en los problemas internos de los países. Por el otro, que no reconozcamos a líderes elegidos democráticamente. Es un buen ejemplo de los malentendidos que producen la mala imagen que tiene el FMI.

5. Camdessus no requería supervivencia política, sino que había muchas críticas y supongo que muchos pensaron que esto ayudaría al FMI.

Entonces: ¿estuvo bien o mal haberle dado un lugar tan destacado a Menem?

¡¡Ya contesté!!

Entendí las razones que justificaron la decisión, entendí el debate interno, pero no me quedó clara su opinión. De haber dependido de usted, entonces, ¿lo habría invitado? De depender de usted ahora, ¿lo invitaría?

Yo no lo hubiera invitado. Personalmente no me parecía muy simpático y era imperial, pese a su aspecto sencillo. Me lo presentaron diez veces y nunca prestaba atención, algo que no ocurría con el pobre presidente De la Rúa, que era muy gente.

¿Por qué sostiene usted que todo iba más o menos bien hasta 1998?

30 de marzo de 2004

Los procesos económicos no son blancos o negros, tienen tonalidades. Muchas veces, países que atraviesan situaciones florecientes, incuban ya los gérmenes de problemas muy serios y, al revés, un momento complicadísimo puede incluir procesos subterráneos que, si se alcanzan a percibir, permitirían ser optimistas.

Creo que, justamente, el año 1998 es una fecha clave para analizar la crisis argentina. Gran parte de los números parecían favorecer a la Argentina –el PBI crecía a buen ritmo, había sobrevivido a todas las crisis, era aún una estrella para Wall Street–. Pero, para entonces, existían desviaciones respecto de lo que el Fondo consideraba una política acertada en términos fiscales.[10] Ya estaban sembradas las semillas de la catástrofe que se produjo años después aunque, a esas alturas, la crisis era sólo inminente y los problemas se podían corregir. Como el mundo financiero privado le seguía prestando a la Argentina, y el Gobierno había perdido la dinámica de los años anteriores, nadie corrigió nada. Nadie quería oír hablar sobre los problemas que nosotros ya percibíamos. Por eso es que, con el equipo argentino, nosotros manteníamos un diálogo cortés pero duro.

Luego ocurrieron varios episodios imponderables. El destino, que en los tempranos noventa había jugado a favor de Argentina, se dio vuelta. ¿Se acuerda de la metáfora bíblica de las vacas gordas y las vacas flacas? Bueno: primero cayó Rusia, luego cayó el Brasil, antes se produjo la seguidilla de crisis del sudeste asiático. Y en 1999, la crisis golpeó a la Argentina.

Sin la crisis del Brasil, la historia hubiese sido distinta. Pero ¿de qué vale decirlo ahora?

¿Podría ser un poco más preciso? ¿Que debería de haber hecho el Gobierno en 1998 para no ser tan vulnerable a los procesos externos?

31 de marzo de 2004

Justamente hoy apareció la primera autocrítica oficial del FMI[11] acerca de lo actuado en la Argentina.

Vale la pena leerla.

De cualquier modo, puedo puntualizar algunas cosas. La situación fiscal en la Argentina, a partir de 1998, comenzó a ser insostenible. El Gobierno empezó a necesitar permanentes refinanciaciones de todos sus préstamos, porque no alcanzaba con lo que la Argentina generaba por sí sola. Hubo un intento de contener gastos, pero tanto Menem como las provincias querían gastar, y en realidad lo hicieron. La solución hubiese sido equilibrar las cuentas fiscales y, con ello, limitar el endeudamiento. No había otra: ¡¡¡A esas alturas ya estaba vendido todo lo que había para vender!!! En 1998, se vendió YPF y se terminó esa fuente de ingresos extraordinaria. Quizás usted conozca lo que un economista ortodoxo piensa en estos casos, pero creo que es necesario repetirlo. Cortar el gasto es importante, porque de esa manera el Gobierno necesita menos dinero; la menor demanda de dinero hace que caigan las tasas de interés del mercado y eso contribuye al crecimiento. Pagar la deuda no es el objetivo final de cualquier ajuste: el objetivo final es que el Estado no sea una carga que impida crecer al resto de la sociedad. Ahora: ese menor gasto, más algo de flexibilidad laboral, menos endeudamiento –que no podíamos controlar–, más reformas en ciertas áreas como el PAMI, que estaba en dificultades, hubiesen evitado mucho de lo que pasó después.

Visto desde aquí, no sé si todo eso hubiera bastado. El atraso cambiario ya era una carga demasiado pesada. Ya estaba creando tensiones, que hubiese sido mejor corregir con un tipo de cambio flexible en esa época. La salida no hubiera sido gratis, pero muy probablemente, en 1998, los costos hubieran sido mucho más controlables.

De alguna manera, el FMI y la Argentina tenían el mismo dilema que existe hoy. Había un acuerdo previo acerca del déficit. El personal del FMI le pedía más ajuste, pero el gobierno decía que ya había un acuerdo y no lo iban a cambiar. La justificación era la misma: ¡¡ defender la reactivación de Argentina!! ¿Usted cree que cambió demasiado nuestro país desde la salida de la convertibilidad? Quizá sea así, pero no en esto. Los gobiernos resisten con los mismos argumentos. Para mucha gente, la postura de Kirchner sonará distinta de lo anterior. Pero no lo es. De la Rúa y Menem decían lo mismo: no querían ajustar más porque, según ellos, eso afectaría el crecimiento.

Qué ironía, ¿no?

(Me voy a descansar porque tuve dos conferencias, y una charla por TV en Quito, 3000 metros, y en Guayaquil, 30 grados).

Leí el informe del Fondo. Es realmente impresionante por la cantidad de omisiones.

¿A qué se refiere específicamente?

Es muy llamativo que ustedes sostengan que los problemas empezaron en 1998. Para entonces ya estaba muy consolidado un proceso privatizador que dejó un país dominado por monopolios hiperrentables sin ningún control. Centenares de miles de personas habían quedado sin trabajo. Ya en 1995, la desocupación había superado los dos dígitos, por primera vez en la historia argentina, y no mostraba ningún indicio de posibilidades de reducirse. Ustedes sólo ven las perspectivas de un país a partir de las cuentas públicas. Es, como mínimo, una visión miope.

Ponga usted el calificativo que quiera. Es lo que nosotros veíamos. Si quiere, se lo explico por partes. No pretendo justificar todo ni cuestionar todo. Pero déjeme explicarle la lógica interna de esa percepción.

¿La tenía?

Nosotros tuvimos poco que ver con la manera en que se implementaron las privatizaciones de Menem. Sé que en esos procesos hubo corrupción y sé que se construyeron monopolios. Pero el Fondo no se ocupa de esos temas. El proceso de privatización fue una iniciativa de la Argentina, que el FMI consideró positiva, pero no fue parte de la condicionalidad. Era algo que se consideraba muy importante y, en realidad, los beneficios en términos de productividad fueron importantísimos, especialmente para los que recordábamos el pasado oficial, como mínimo tan corrupto como el presente privado. ¿O usted se olvidó de cómo funcionaban las cosas antes? Las privatizaciones no surgieron de la nada. Fueron la consecuencia de las barbaridades que se hicieron cuando las empresas estaban en manos del Estado. Yo tiendo a confiar más en las administraciones privadas, aunque no soy dogmático en eso, como varios de mis colegas. Ahora: es injusto cuestionar el proceso privatizador sin mirar sus antecedentes. Hay una relación causa-efecto entre la situación anterior y la manera en que se privatizó. No había en la Argentina un Estado ideal que fue vaciado. Es una visión, digamos, un poco desmemoriada.

Lo que usted dice se puede leer de dos maneras distintas.

¿Cuáles?

Por un lado, sirve para justificar todo lo que se hizo porque lo anterior, supuestamente, era peor. Por el otro, da la impresión de que usted califica al proceso de privatizaciones como "tan corrupto como lo anterior", es decir, como la continuidad de una lógica muy dañina para el país.

Ciertamente que hubo abusos y éstos generaron cierta preocupación, pero el tema no pertenecía exactamente a nuestra jurisdicción. Esto es anterior a mi "reinado", que empezó en diciembre de 1994, cuando me involucré mucho más en México que en la Argentina. Nosotros negociábamos con Domingo Cavallo, Roque Fernández, José Luis Machinea, toda gente que consideramos serios y responsables, y que quizás estaban separados de los aspectos más "complejos" de los gobiernos de turno. Con ellos había relaciones difíciles pero se referían a la situación de las finanzas públicas, no a las privatizaciones. Aunque los aspectos oscuros de la privatización pudieron ser un problema, el FMI –insisto, aunque parezca raro– no tenía jurisdicción sobre el tema. Esto lo hacía la Argentina, y el FMI no tenía ni siquiera el rol de auditor. No es su área de especialidad. Se puede discutir mucho sobre monopolios, ganancias, y poderes, y la historia Argentina está llena de esto desde la fundación. Pero es otro tema. Sé que la gente está acostumbrada a que el FMI tenga la culpa de todo. Tenemos la culpa de muchas cosas. Pero no de esto. El Fondo es, apenas, un bombero que, como mucho, pone condiciones para apagar el fuego. Aparece, básicamente, cuando un país recurre a él como último recurso, cuando ya no tiene a quién recurrir. Las privatizaciones no tenían nada que ver con eso.

Olvídese por un momento del FMI. *¿Cómo veían todo el proceso desde Washington?*

Todo el mundo celebraba las privatizaciones. Luego de años de fracasos, la Argentina se encaminaba por la vía correcta. Así se veía. Era un Estado y una sociedad que habían soportado durante décadas empresas que eran una carga. No le voy a mentir. Y, en gran parte, sigo pensando así.

Eso piensa "en gran parte". ¿Cuál es la "pequeña parte" que no le cierra?

Los detalles, que son muchos. Si uno hubiera observado el proceso con más atención, habría alertado contra algunos aspectos de las privatizaciones, como las tarifas hiperrentables, los monopolios, el muy débil control.

Los negocios ofrecidos eran demasiado buenos. Nadie tenía ganas de mirar demasiado los matices, ¿no es cierto?

Supongo que los negocios motivaban la euforia de alguna gente. Creo que en el Fondo, y en otros sectores políticos y académicos de Washington, ocurría otra cosa. Se lo voy a decir de una manera muy clara. Había demasiado dogma y demasiada poca atención a la manera en que se estaban haciendo las cosas. Como se cumplían los preceptos ideológicos, nadie miraba su aplicación concreta. Era un clima que dominaba no solamente a Washington sino a toda la intelectualidad económica de América Latina: lo que usted llamaría "economistas liberales". El modelo de apertura empujado por Reagan y Thatcher tuvo su correlato en América Latina y eso rebotó en Washington, donde se forjó el así llamado "Consenso de Washington".[12] Usted sabe que el texto con esas ideas fue escrito por John Williamson, quien hace poco realizó una especie de autocrítica llamada "Washington Consensus Revisited" (Una nueva visita al Consenso de Washington), donde se pregunta por qué, luego de una década, donde se realizaron tantos cambios, América Latina no está mejor. Él es quien se refirió al dogmatismo que guió todo el proceso. Eran las ideas dominantes. Y Menem congeniaba absolutamente con ellas. Era, como se dijo siempre, un alumno modelo.

Hay documentos del Banco Mundial de entonces que incluso justificaban la manera rápida con que Menem hacía las cosas, aun cuando no hubiera ningún mecanismo de control, aun cuando se sorteara el Parlamento y aun cuando se conformaran monopolios.[13]

Nada es blanco o negro. Menem merece un crédito importante. Tuvo la valentía de empujar un proceso, con una visión muy sencilla. Fue, a mi entender, más importante que Cavallo. Sé que en esa época un montón de gente sostenía que, sin Menem, el Gobierno hubiera sido perfecto. He conocido a muchas personas deslumbradas por Cavallo que, sin embargo, no congeniaban con la corrupción que se le atribuía a Menem. No estoy de acuerdo con esa visión. Yo percibía que el genio era

Menem. Cavallo era nada más –y nada menos– que un sensacional ejecutor, pero no el nervio motor. Era Menem y un país dispuesto a experimentar.

¿Alguna vez se preguntó por qué los gobiernos conservadores son siempre tan corruptos?

¿Usted puede demostrar que las cosas son así?

Yo no. Pero hay un libro, donde Arthur Schlessinger Jr. desarrolla una tesis en ese sentido.[14] Él descubre que, aunque todos los gobiernos sufren escándalos, nunca son tan graves como entre los conservadores: ningún gobierno demócrata debió soportar vergüenzas como el Watergate, el Irangate, o ahora el escándalo por la corrupción en la reconstrucción de Irak. Lo mismo ocurrió en la Argentina: nunca hubo tanta corrupción como en la dictadura o como en los noventa, cuando el Estado era manejado por políticos y economistas conservadores.

Yo diría que fue peor durante la dictadura militar. Al menos en los noventa había libertad de prensa y eso generaba un contrapeso. ¿A que atribuía Schlessinger ese fenómeno?

A una cuestión de valores. Los funcionarios conservadores creen que las motivaciones individuales –el lucro personal, la ambición de poder– son motores positivos en todos los campos. Y por eso no les da vergüenza aplicar esa lógica con absoluta crudeza. En los otros gobiernos hay más conciencia de la responsabilidad social.

Todo esto es parte de la historia del mundo. Es probable que en los Estados Unidos y en la Argentina esa teoría se cumpla. Creo que, de todos modos, en los Estados Unidos al menos paga quien es descubierto culpable. Mire lo que ocurre con los poderosísimos ex ejecutivos de Enron. Van todos presos. En la Argentina, eso todavía no pasa. O, por lo menos, no ocurre con esa transparencia. Cada vez que hay una unión entre el poder político y el poder financiero ocurren estas cosas. La historia del mundo está repleta de casos así.

¿Por qué no alertaron contra esos peligros en los noventa?

Lo que ocurre es que muchas de las medidas tomadas podrían beneficiar al sistema financiero, pero la idea de los teóricos –no de los que estaban en el mundo financiero sino de los que estábamos en los organismos, los ministros, los equipos económicos– era que la llegada de dinero beneficiaba a un país como un todo. ¿Es tan difícil entenderlo? Para que un país crezca, el dinero de afuera ayuda. Era un casamiento de conveniencia. Sin embargo, no tuvimos en cuenta algunas cosas importantes. Adam Smith, en 1776, cuando escribe *La riqueza de las naciones*, dice: "La mano invisible funciona pero hay que tener cuidado cuando se juntan banqueros, comerciantes o empresarios, porque siempre van a tratar de armar monopolios. Y el Estado debe controlarlos". Usted va a señalar que nos olvidamos hasta de Adam Smith. En parte, sería cierto. Un gran error conceptual fue haber pensado que los mecanismos de control surgirían naturalmente. Ésos fueron los supuestos que no funcionaron. Allí es donde estuvo la falla.

¿Cuánto espacio le quedaba a la Argentina para realizar las cosas de otra manera? ¿Hubiera sido posible un "menemismo prolijo" o el estilo era también una imposición de la comunidad internacional? ¿No ocurre que el Fondo libera dinero sólo en la medida en que se cumplen las medidas sugeridas por él?

Esa pregunta es clave para entender todo el proceso. A mí me parece que el modelo aplicado fue consecuencia de un consenso internacional. La manera en que se aplicó, no. Al Fondo, en ese caso, se lo puede culpar de no haber alertado, aunque no era su área de acción. O de haber generado consenso a favor de las reformas. Pero, dentro de lo que yo llamaría políticas razonables, hay un espacio enorme para que cada país defienda sus propias ideas. Los países razonables pueden tener gran libertad de acción. En Uruguay hubo un gran rechazo social a las privatizaciones. No nos gustó. Pero nunca dejamos de prestarle dinero a ese país cuando estuvo en problemas: tampoco las fugas de capitales que se produjeron tuvieron relación con esa resistencia. Al Fondo no le gusta que o PeDeVeSa o Codelco sean estatales. Pero las relaciones con México, Venezuela –hasta la llegada de Chávez– o Chile son muy buenas. Nosotros tuvimos una larga pelea con los chilenos que nunca abandonaron el control de capitales. He participado en reuniones muy duras con los mexicanos, cuando México estaba en condiciones de extrema debilidad: apenas le planteábamos la necesidad de privatizar Pemex, amenazaban con abandonar la mesa de negociaciones. Y el Fondo terminó aceptándolo. Todos fuimos responsables de las ideas dominantes, del dogmatismo, de la ceguera ante algunos defectos muy evidentes. Pero la aplicación concreta fue obra y gracia de cada país.

¿Por qué cree que la Argentina privatizó todo?

Aparte de la posible existencia de hechos de corrupción, supongo que esa solución fue percibida como la manera más rápida de desembarazarse de empresas que generaban una gran carga para el sector público y para la sociedad. La privatización a ultranza estaba de acuerdo con los principios del Consenso de Washington. Con la moda de los noventa. Pero había espacio para resistir.

Yo le había planteado que me llamaba la atención que, para ustedes, los problemas argentinos hubieran comenzado en 1998, cuando la desocupación ya había superado los dos dígitos en 1995.

Para nosotros, la desocupación no era un problema que debía abordarse per se. Supongo que oyó hablar de la teoría del goteo. Se creía que el crecimiento per se iba a mejorar la situación de todos los sectores de la sociedad. De hecho, es verdad que entre los puntos del Consenso de Washington no figura ninguno referido a la situación social. Eso está cambiando ahora, pero hace quince años estábamos todos convencidos. Y la desocupación era un mal temporario que se curaría solo. Si pudiera volver el tiempo atrás, discutiría esos conceptos. No pueden emprenderse este tipo de reformas sin prestar una atención central a la situación social. En principio, porque la insensibilidad frente a ese problema debilita, a la larga, el consenso social y político hacia las reformas.

Y además, porque a todos debería habernos quedado claro que el crecimiento puede no ser eterno, que algo puede fallar, y en el medio queda un tendal. Hace quince años, cuando todo empezó, le repito, nadie pensaba en eso.

El último tema que quiero plantearle respecto de su actuación en los noventa se refiere a uno de los latiguillos del Fondo: el aumento del gasto público en la segunda gestión de Menem. ¿Recuerda cómo y cuándo le plantearon al Gobierno argentino que se excedía en el endeudamiento y en el gasto público? ¿Realmente lo plantearon y fueron desoídos? Más allá de su narración, ¿hay algún documento que pruebe eso y que se pueda describir sin vulnerar el secreto de aquellas negociaciones?

Hubo múltiples documentos internos que prueban la presión que intentábamos ejercer sobre la Argentina para que controlara el gasto público y el endeudamiento. Así, de memoria, le recuerdo uno que tiene relación con lo que veníamos hablando. En 1998, en el mismo momento en que Menem hablaba en la Asamblea del Fondo, nosotros le entregamos a Roque Fernández un documento que era muy crítico sobre la situación fiscal argentina. Creo que incluso ese documento tuvo cierta difusión en ámbitos locales.[15] Pero, claro, Menem acababa de ser recibido en la asamblea anual del Fondo. ¿Quién nos iba a dar bolilla a un grupo de técnicos?

A mí me impresiona que los liberales, los ortodoxos, ustedes, siempre analizan el gasto público en términos cuantitativos y no cualitativos.

No sé a qué se refiere específicamente.

Por ejemplo, a la privatización del sistema jubilatorio realizada en 1994. Hay economistas muy, pero muy, moderados –caso Javier González Fraga– que han sostenido que la Argentina habría tenido superávit fiscal, y no habría tenido esa desesperada necesidad de financiamiento externo en 1998, si el sistema jubilatorio no se hubiera privatizado como se hizo. Mirarlo de esa manera cambia la percepción del tema. El aumento del gasto no es exclusiva responsabilidad de los políticos sino también de sectores de interés muy poderosos. Los números de González Fraga son impresionantes. Permítame citarle un largo párrafo: "Esta reforma generó un déficit anual adicional del orden de los $ 5.000 millones, que fueron las transferencias a las AFJP. La realidad actual de la Argentina, caracterizada por la deflación, el déficit fiscal y el riesgo permanente de incumplimiento de sus obligaciones financieras, está profundamente influida por esta reforma previsional. En efecto, si calculamos las transferencias realizadas al sistema nuevo, y les sumamos los intereses pagados tomando la tasa de interés marginal con que el Estado debió financiarlas, llegamos a una cifra superior a los $ 40.000 millones, lo que representa una tercera parte de la deuda pública nacional. Y si a las transferencias anuales les sumamos los intereses de aquella deuda, podemos afirmar que la reforma previsional explica por sí sola más de $ 11.000 millones de egresos fiscales, o sea, el 120% del déficit de los últimos doce meses, y casi el doble del déficit pretendido por el FMI. No sería entonces exagerado afirmar que, sin esta reforma, la situación fiscal y de endeudamiento sería sumamente cómoda, y probablemente estaríamos muy

*cerca de ser 'investment grade', el objetivo que obnubi-
ló a muchos hombres del gobierno y analistas privados
en la última década. Lo importante es destacar que
nuestras dificultades fiscales, y consecuentemente de endeudamiento, no son explicables fundamentalmente por
'indisciplina fiscal' como sostienen algunos economistas
locales, y muchos del exterior incluyendo el reciente
informe del Congreso norteamericano, sino por haber
decidido una reforma previsional de golpe, y sin el financiamiento adecuado".[16]*

1º de abril de 2004

Es válido su argumento sobre la privatización del
sistema previsional de 1994. Es cierto que creó un hoyo
fiscal. Eso debía haber sido compensado por financiamiento de las mismas Administradoras de Fondos de
Pensión: un mecanismo que, en principio, no debía ser
diferente al que existía cuando las cajas eran públicas.
Además, era necesario mejorar la recaudación por medio de una reforma tributaria (no mayores impuestos).
Éste es el modelo que siguió y sigue Chile. Creo que la
parte del negocio financiero es menor. El problema es lo
que pasó más allá del régimen jubilatorio. Allí es donde
se debilitó el proceso.

*¿A qué se refiere? Si el problema fue el déficit, y el
déficit fue causado por la reforma del sistema jubilatorio,
el problema no está "más allá": está ahí.*

EL FMI ha trabajado con estos temas en Chile, Panamá,
el Perú y México, donde funcionó bien, y en Bolivia y en

la Argentina, donde terminó funcionando mal. Por supuesto que es un tema polémico, pero como en muchos otros aspectos el error no está en el concepto, sino en su llevada a cabo. Y probablemente la voluntad de reforma real era mucho más débil de lo que se creyó.

¿No es, en alguna medida, lógico que el Fondo, los banqueros, los economistas ortodoxos no se fijen en ese pequeño detalle? Esa privatización fue un negocio espléndido para los sectores financieros. Naturalmente, si uno desfinancia el Estado –lo vacía– para generarle un negocio al sector privado, después tiene que ajustar en áreas más sensibles.

2 de abril del 2004

No fue un gran negocio para el sistema financiero, porque las AFJP se vieron obligadas a prestarle dinero al Estado hasta que fueron llevadas a la bancarrota durante el segundo período de Cavallo, que las llenó de papeles inservibles.

Quiero insistir. Usted sabe perfectamente que en Chile se obligó a las AFJP a financiar al Estado, durante largos años, a un interés fijo y bajísimo, para cubrir lo que usted llama "hoyo fiscal". Acá –increíblemente– se generó el agujero fiscal y nadie pensó en cómo se cubriría. ¿Fue inocente eso? ¿Ninguno de los economistas ortodoxos podía haber alertado sobre semejante irresponsabilidad? ¿Por qué todos lo aplaudían como un gesto de valentía cuando era, en realidad, un asalto? ¿No ve ese problema el Fondo, ahora, cuando hace su autocrítica? ¿No ve

*ese mismo problema el Fondo cuando elogia las refor-
mas de las primeros años de los noventa y no destaca
las privatizaciones monopólicas con hiperrentabilidad
y tarifas altísimas?*

*Disculpe que me extienda pero todo esto lleva a esa
visita simbólica de Menem en 1998: fueron sospechosas
las privatizaciones, incluida la previsional, sospechosas las
personas que las llevaron a cabo y muy sospechosa la ceguera –y los aplausos– de la comunidad internacional.
Mientras el Fondo discute problemas técnicos –tipo de cambio, necesidad de ajustes, vulnerabilidad, sustentabilidad–,
a mi entender elude el tema central: fue un asalto que se
pudo tapar durante un tiempo gracias al financiamiento.
No es el único responsable pero, hasta el día de hoy, no
se hace cargo de su responsabilidad central.*

No sé adónde lleva esta discusión. Usted está convencido de que, durante los noventa, el FMI fue parte de una
gran conspiración destinada a saquear a la Argentina.
Yo sé que no fue así. Puede haber habido errores, dogmatismo, insensibilidad –habría que discutirlos caso
por caso–. Pero no hubo ningún intento de saquear nada. Yo entiendo la preocupación por la corrupción. He
tenido discusiones acerca de estos temas, que revelaban
la existencia de corrupción, y respecto de los que deberían tomarse medidas de castigo. Pero no puedo aceptar, ni acepto, que el FMI, el Banco Mundial o el Banco
Interamericano, fueran cómplices. No voy a entrar
tampoco en la discusión de cuál es el balance neto de los
cambios en la Argentina en los noventa. Hubo abusos y
el cuerpo político argentino no quería ejercer los controles necesarios, a mi juicio, a pesar de la labor de los
organismos. Por último, el sector financiero fue el más

transparente. Pero fue reventado entre los últimos meses del gobierno de De la Rúa, y los primeros del gobierno de Duhalde. Era difícil ponerle límites a la dirigencia argentina cuando tenía tantos buenos amigos, y tan poderosos. Pero voy a defender hasta el cansancio la integridad de los que trabajamos en esto desde el FMI. Estos temas son complejos, pero aquí nos encontramos en dos posiciones más bien cristalizadas. Yo sé cómo fueron las cosas porque estuve ahí. Usted tiene apenas una opinión ideológica sobre cómo son las cosas. No sé cómo se resuelve esa distancia.

Notas:

6 Menem pronunció su discurso ante la asamblea del FMI el 6 de octubre de 1998. Al día siguiente, *La Nación* publicó en su crónica. "En un multitudinario almuerzo con los ministros del hemisferio occidental, al que asistió Menem, el titular del Fondo elogió 'la hidalguía del presidente Menem por haber venido a la asamblea del organismo en un momento en que hay muchas críticas. Vino a contar su historia de los últimos diez años, donde se mezclan su fortaleza y su papel en el proceso de transformación económica' (...) Menem leyó su mensaje en dieciséis minutos ante unas cinco mil personas reunidas en el Marriot Wardman Park de esta ciudad para la inauguración oficial de la asamblea del Fondo inmediatamente después del mensaje de Clinton. Menem, Clinton, Rubin y Fernández ingresaron juntos en el Salón Ballroom del hotel y fueron recibidos con un cerrado aplauso, dispensado de pie por los miles de asistentes". El gurú financiero, Miguel Ángel Broda, que participó de la Asamblea, escribió: "Sentado en el auditorio y escuchando al presidente Menem, uno pudo sentirse orgulloso de ser argentino (...) La Argentina probablemente sea el país que refleje el mayor éxito del FMI (por su apoyo y ayuda) desde su fundación, cincuenta años atrás". Otro hombre de la City porteña, Juan Alemann, enfatizó: "Evidentemente el FMI ha querido premiar a la Argentina por su buena conducta (...) ha querido también exhibir a nuestro país como un ejemplo ante el mundo, de cómo es posible encarrilar una situación desquiciada. Somos lo que se llama su *leading case*". Y *La Razón* citó a Camdessus: "El mejor presidente de los últimos cincuenta años es Carlos Menem".

7 En *Argentina y el FMI. Del triunfo a la tragedia*, Michael Mussa, por entonces jefe de economistas del FMI, hace una referencia a la visita de Menem. "En la comunidad financiera internacional, especialmente en el Fondo Monetario Internacional, muchas de las políticas económicas argentinas fueron ampliamente aplaudidas y señaladas como un modelo que otros mercados emergentes deberían imitar, aprobación internacional que fue magnificada por el presidente Menem en su triunfal discurso en el Encuentro Anual del FMI-Banco Mundial el 4 de octubre de 1998. Tan sólo tres años después, el experimento argentino, con tipo de cambio fijo y políticas ortodoxas de una década de duración, terminó en tragedia, tragedia cuya gravedad aún no conocemos por completo".

8 Al respecto, vale la pena señalar que la participación de Menem en la asamblea del FMI, pensada desde el oficialismo de entonces como una manera de darle impulso a la re-reelección presidencial, prácticamente pasó inadvertida en la Argentina. El país estaba concentrado en otras noticias: el mismo día del discurso apareció ahorcado Marcelo Cattáneo, uno de los principales involucrados en el megaescándalo de corrupción conocido como "IBM-Banco Nación".

9 Efectivamente, ningún presidente, en la historia argentina, gobernó durante tanto tiempo como Carlos Menem, quien triunfó por casi quince puntos de diferencia en 1989, cuando llegó al poder, y por casi 20, en 1995, cuando fue reelecto. Con la excepción de Juan Domingo Perón, nadie había sido reelecto hasta ese momento de manera consecutiva. Hipólito Yrigoyen había logrado la misma performance en la década del veinte, pero con un mandato intermedio de otro presidente de su partido. Ni Yrigoyen ni Perón culminaron sus segundos mandatos, a diferencia de Menem, que sí lo hizo. El día de su reelección, Menem se comparó con los otros tres presidentes que lo habían logrado: Julio Argentino Roca, Hipólito Yrigoyen y Juan Domingo Perón. Pero se había quedado corto: su gobierno tuvo mayor legitimidad que el de Roca, y no fue derrocado, como el de los otros dos. Batió todos los récords salvo uno: Perón fue reelecto por tercera vez en 1973, diecisiete años después de su derrocamiento.

10 En el libro *Argentina y el FMI. Del triunfo a la tragedia*, Michael Mussa describe la evolución del gasto público argentino en los noventa y confirma las teorías de quienes han sido más críticos con la gestión de aquellos años. Básicamente, Mussa explica que la crisis no se produjo antes por dos razones: el Plan Brady había pospuesto hasta 1998 los principales vencimientos de la deuda externa y, además, los baches fiscales se cubrían con el dinero de las privatizaciones. Esa conjugación de elementos que, luego, no se repetirían, posibilitó a la Argentina acceder a la sensación de bienestar y fortaleza política que, luego, apenas desaparecieron esos fondos extraordinarios, se diluyó en una catástrofe.

11 El documento de autocrítica que refiere Loser fue publicado en el sitio oficial del Fondo Monetario Internacional el 24 de marzo del 2004. Se trata de la crónica de una reunión del directorio donde se analizó el caso argentino. Básicamente, el FMI sostiene que se equivocó al ser demasiado tolerante con el aumento del gasto público, el endeudamiento externo y, al mismo tiempo, con la existencia de un tipo de cambio fijo, incompatible, por su falta de flexibilidad, con aquellas características. Sostiene, además, que los técnicos del FMI fueron demasiado optimistas en sus proyecciones de crecimiento para la Argentina y demasiado poco rigurosos al analizar la relación entre la deuda real y el tamaño de la economía. Es decir, que –para el Fondo– su responsabilidad no radica en las recetas que recomendó a la Argentina sino en la falta de consecuencia con esas recetas. Cuatro meses después, a fines de julio, el FMI difundió la crítica de la Independent Evaluation Office, que repetía, casi en los mismos términos, la autocrítica anterior.

12 La primera formulación del así llamado "Consenso de Washington" fue elaborada, efectivamente, por John Williamson, en un texto llamado: "Lo que Washington quiere decir cuando se refiere a reformas de la política económica". El trabajo enumera diez puntos sobre los cuales habría existido acuerdo, entre los principales organismos económicos con sede en Washington: desde el FMI y el Banco Mundial hasta la Reserva Federal, el Tesoro y los diferentes "think tanks". Ellos eran: disciplina presupuestaria; cambios en las prioridades del gasto público (de áreas menos productivas a sanidad, educación e infraestructuras); reforma fiscal encaminada a buscar bases imponibles amplias y tipos marginales moderados; liberalización financiera, especialmente de los tipos de interés; búsqueda y mantenimiento de tipos de cambio competitivos; liberalización comercial; apertura a la entrada de inversiones extranjeras directas; privatizaciones; desregulaciones; garantía de los derechos de propiedad. Como se ve, la convertibilidad incumplía al menos uno de esos mandamientos: el del tipo de cambio competitivo. Y está claro que ninguno de ellos se refería a los problemas sociales, ni había ningún énfasis en el establecimiento de mecanismos regulatorios.

13 Hay documentos que revelan la participación del Banco Mundial, la entidad hermana del FMI, en el proceso de privatizaciones y también su conocimiento sobre la inexistencia de mecanismos de control que regularan el proceso. Uno de los más explícitos en ese sentido es el titulado "El programa de privatizaciones de la Argentina. Experiencias y lecciones", que pertenece a Myrna Alexander, representante del Banco Mundial en Buenos Aires y que fue publicado en 1993. Dice: "El programa de privatizaciones de la Argentina se caracterizó por su profundidad, velocidad y por la intensidad de la ayuda del Banco Mundial. Entre 1990 y finales de 1992, el gobierno cerró o vendió virtualmente todas sus empresas públicas (...) La no intervención del Congreso y la coordinación centralizada contribuyeron a mantener el proceso [de privatizaciones en la Argentina] en pista. La ayuda del personal del Banco Mundial, así como el financiamiento del banco y de otras organizaciones, aceleraron el paso fijado por el presidente Menem (...) El proceso de privatización necesitaba establecer nuevas estructuras reguladoras, pero por la historia reciente de la Argentina, es probable que le tome años desarrollarlas".

14 El muy prestigioso historiador Arthur Schlessinger Jr., un ex asesor de John Fitzgerald Kennedy, sostuvo en su libro *The Cycles of American History* que en la historia de los Estados Unidos se intercalan períodos marcados por el "interés privado" con otros donde el principal interés es el bienestar general. En sus palabras: "Existe una tensión permanente entre capitalismo y democracia, una batalla continua entre los valores capitalistas –la santidad de la propiedad privada, la maximización del lucro, el culto del libre mercado, la supervivencia del más apto– y los valores democráticos –igualdad, libertad, responsabilidad y bienestar general–, objetivos a ser promovidos, cuando es necesario, mediante la regulación de la propiedad y la restricción de lucro". Schlessinger también destacó: "Cuando la riqueza es más importante que el bien común hay una natural propensión hacia la corrupción. Cuando los objetivos sociales son más importantes, el Gobierno tiende a ser idealista. Los idealistas tienen muchas fallas, pero es raro que roben. Durante el New Deal, el gobierno nacional gastó más dinero que nunca antes, pero hubo una notable ausencia de corrupción... En los gobiernos liberales

(N. del A.: es evidente que el término liberal está utilizado en sentido político y no económico) la corrupción aparece generalmente hacia el final, cuando los idealistas ya se retiraron. Cuando lo que domina es el interés privado, la moral pública es muy diferente. Muchos hombres de negocios que sirvieron a gobiernos conservadores son gente íntegra. Pero no tienen ningún escrúpulo en utilizar la autoridad pública para abastecer sus propios intereses. Hacen lo que les sale naturalmente". El texto está repleto de ejemplos históricos.

15 Efectivamente, el documento fue publicado por el periodista Marcelo Bonelli en *Clarín* el 5 de octubre de 1996, un día antes de la llegada de Carlos Menem a Washington. Reclamaba una rebaja adicional del gasto público y una mayor presión fiscal para elevar la recaudación y, también, la privatización del Banco Nación.

16 La investigación de Javier González Fraga fue publicada el 17 de junio de 2001 en *La Nación*. Es particularmente reveladora porque se trata de un ex vicepresidente del Banco Central durante la gestión de Carlos Menem, que jamás podría ser tildado de anticapitalista, globalifóbico o conspirativo. Además, en la nota, JGF defiende el régimen de jubilación privada. Sin embargo, enumera los problemas fiscales que generó su implementación en la Argentina. Concluye: "Nadie puede negar los beneficios futuros del sistema actual. La cuestión es repartir más gradualmente los costos de esta reforma, porque de lo contrario están en peligro otras instituciones mucho más fundamentales para el bienestar de nuestra población, como lo son el cumplimiento de la deuda, el crecimiento económico y la paz social". En el trabajo de la Independent Evaluation Office del FMI, difundido a fines de julio de 2004, se admite que la reforma provisional generó un monumental déficit equivalente al 2,7 por ciento del PBI.

CAPÍTULO 4

Alianza

*Donde se cuenta lo bien que De la Rúa, Machinea
& Cía se llevaban con el FMI*

5 de abril de 2004

¿Cómo vivieron en el Fondo la salida de Carlos Menem, hasta allí el alumno modelo? ¿Con preocupación o con esperanza?

Yo estuve en la asunción de la Alianza y me contagió cierta esperanza.[17] Pero no por lo que se vivía en la calle sino porque, aunque visto desde hoy resulte difícil percibirlo, fue la transición más prolija que yo recuerde en la Argentina. Obviamente, no hubo contacto entre los equipos en 1973, ni en 1976, ni en 1983. Pero también fue caótica la transición entre Alfonsín y Menem y, ni qué hablar, entre De la Rúa y Puerta, y Rodríguez Saá y Caamaño y Duhalde.

Entre Menem y De la Rúa, en cambio, ocurrió algo inédito. Hubo colaboración técnica, y hasta algún diálogo. Los diferentes equipos hablaron con nosotros antes de las elecciones, y el diálogo siguió muy bien con Machinea después. Nosotros percibíamos gran profesionalismo en el equipo de la Alianza. Era mi opinión, la de Teresa Terminassian y la de Tom Reichmann.[18] El señor Köhler, además, tenía gran respeto por la integridad de

Fernando de la Rúa, y ello incidiría mucho para que el FMI otorgara el crédito que dio a fines del año 2000 y que ustedes conocieron como Blindaje.

La primera gran medida económica de la Alianza fue el aumento del impuesto a las ganancias.[19] ¿Ustedes la apoyaron, la sugirieron, se opusieron, presionaron para que se tomara, se enteraron por los diarios? ¿Cómo fue?

6 de abril de 2004

Ellos elaboraron el plan de acción y nuestro rol fue el de estudiar y dar algún tipo de consejo. Pero ellos tenían la iniciativa. Repito: nos sentimos muy cómodos trabajando con ellos. Hubo un diálogo muy constructivo y respetuoso. Era extraño: la Argentina, históricamente ha sido un país difícil para nosotros. Aun cuando se instrumentaban políticas que, más allá de algunos aspectos puntuales, nos generaban simpatía, como en los noventa, el diálogo no era sencillo. En este caso, no era así. Todo el tiempo tuvimos la sensación de que se podía trabajar bien con el nuevo Gobierno. Era gente amable y técnicamente muy sólida. A la larga, percibimos algo que en esos días nos pasó inadvertido: la armonía entre los equipos económicos contrastaba con la falta de apoyo político que tenía el Gobierno tanto por parte de la oposición como, sorprendentemente, del propio oficialismo. Eso, en todo caso, falló e influyó para que todo terminara en un desastre: el suicidio de una clase política que aísla a un Gobierno, en principio, sensato. Y también la falta de confianza de los empresarios, que no creían en la Alianza. El Gobierno había decidido mantener la convertibilidad y trabajaron duro, con infinita buena fe. Pero estaban aislados de apoyo político y empresario. Para nosotros, descubrir todo eso produjo un gran desengaño.

Disculpe, pero no contestó a la pregunta. ¿Fue una buena medida el aumento de impuestos? ¿Cuál fue su participación?

No lo vimos como un error. Nos enteramos antes que la medida fuera anunciada. Y no la objetamos.

Es extraño. Los liberales argentinos siempre sostienen que el aumento del impuesto a las ganancias "pinchó" la tenue recuperación que se insinuaba para entonces.[20]

No fue así. Hay algunos economistas, a los que yo llamaría "ideólogos del gasto público" para los cuales el gasto –cualquiera sea– siempre es malo y el impuesto también. Imaginan una sociedad con Cero impuesto y Cero gasto. Esa idea no es aceptable para el FMI, aunque sí creo que muchas veces el gasto público es poco eficiente. En eso, la institución acepta las prioridades elegidas por las autoridades, dentro de rangos razonables.

La pinchadura de 1999 se debió a la depreciación del real, y no al impuestazo. Además –insisto– los liberales (así se los llama en la Argentina: yo tengo problemas con esa palabra) y los empresarios no tenían confianza en la Alianza, y pensaban que, en realidad, lo que buscaba era aumentar el tamaño del Estado. Para colmo, no les gustaba pagar más impuestos. La suma de aquellos prejuicios y de estas medidas comenzó a minar el sostén político del Gobierno. Quizás hubo problemas pero no eran relacionados con los impuestos, a pesar de lo que dice el folklore "conservador". En resumen, no me pareció terrible el impuestazo y mucho menos en un país que no paga impuestos.

Nos hablamos, y cómase por lo menos una *matzah*.* Felicidades.

7 de abril de 2004

¿Era tan fuerte la desconfianza de los empresarios? ¿Tan evidente? ¿Las declaraciones públicas de apoyo eran meramente formales?

Lo que nosotros recibíamos era una desconfianza en bloque. No querían a la Alianza. Supongo que, así como nos lo transmitían a nosotros, se lo transmitían a todo el mundo, dentro y fuera del país. Eso influía en la clase política y en el clima general. En mayo del año 2000 yo acompañé a Horst Köhler durante su primera visita a la Argentina. Fue su primer choque con la realidad. Aunque tuvo buena química con De la Rúa, quedó muy mal impresionado por la reunión que mantuvo con los empresarios: demasiado reclamo, demasiada queja, demasiado enfrentamiento con un Gobierno que recién empezaba a andar.

La clase empresaria argentina es parte inseparable de nuestro país, tan destructiva –ni más ni menos– que la clase política o los sindicalistas. Por lo menos, así se ve a la Argentina, desde afuera, al compararla con otros países. Hay, cómo decirlo, menos espacio para el diálogo, para el consenso. Todo parece una competencia de suma cero. Es como si ninguno de los sectores de poder creyera que, al asociarse, pueden crecer juntos. El crecimiento

* Referencia a la celebración de la pascua judía.

propio está percibido, en general, como parte de una batalla contra el resto. ¿Usted no ve las cosas así?

A veces. Pero me preguntaba si las posiciones críticas de los empresarios, su desconfianza, no se repiten cada vez que asume un nuevo Gobierno. Tampoco los querían a Alfonsín, a Menem, a Duhalde o a Kirchner.

Es posible que De la Rúa fuera intrínsecamente más débil y entonces que eso le haya afectado más. Le tenían menos miedo que a Menem o a Kirchner. No lo sé. Creo que, además, le tenían mucha desconfianza a Machinea por su paso previo por el Banco Central[21] y por resabios de la experiencia de Alfonsín en el Gobierno.

¿Recuerda quiénes eran los voceros de esas posiciones durante la reunión con Köhler?

No especialmente. Fue hace cuatro años.[22]

¿Cómo era la relación con el Fondo antes de cada medida? ¿El Gobierno local avisaba solamente? ¿Ustedes se enteraban por los diarios? ¿Avisaban y consultaban? ¿O avisaban y esperaban la aprobación?

8 de abril de 2004

Dentro de un programa, el principio básico es el de colaboración y discusión. En general eso funciona y en el gobierno de la Alianza, hasta la llegada de Domingo Cavallo, no había problemas, aunque a veces solamente avisaban. Las medidas de De la Rúa eran discutidas con nosotros y, en general, se esperaba nuestra reacción.

9 de abril de 2004

La segunda "gran medida" del Gobierno de la Alianza fue el envío de la reforma laboral al Congreso.[23] Esa ley coincide con lo que usted mencionaba antes como uno de los puntos más débiles de la Argentina: la rigidez del mercado laboral. A la larga, terminaría en un escándalo. ¿Cuánto tuvo que ver el Fondo en la presión de la Alianza sobre el Congreso para que se aprobara la Ley de Reforma Laboral?

Éste era un punto central en las reformas estructurales que el FMI pidió en el área de reformas. Era vista como una evidencia importante de avance en la modernización y por eso el Fondo presionó al gobierno para avanzar en su programa. La aprobación de la reforma fue considerada una victoria, aunque después apareció todo el escándalo. Debo confesar que aunque este proceso fue una vergüenza, es interesante notar que sólo en este caso se retrocedió en la acción. En otros casos, que no afectaban a grupos de poder como los sindicatos, por ejemplo, no hubo marcha atrás.

¿Usted es consciente de que la presión del Fondo por la aprobación de la reforma laboral prácticamente demolió al gobierno de la Alianza?

No había manera de prever que terminaría en semejante escándalo.

Me gustaría tratar de entender la lógica de la reforma laboral. Todos los que trabajamos en relación de dependencia en esos años vimos la impresionante transformación que se vivió dentro de las empresas en la década del noventa. Eran legiones de personas que se iban despedidas y legiones de personas que llegaban con contratos temporarios, sin derechos laborales, y pésimos salarios. Pese a ello, la desocupación aumentaba sin cesar. Y eso, para no hablar del trabajo en negro que, gracias a la desocupación, a la gente no le quedaba más remedio que aceptar. Es decir: nunca la Argentina había sido tan flexible, y nunca había tenido tantos desocupados. ¿Cuál era el sentido de seguir por el mismo camino?

Había dos mundos. Todos sabíamos que en las pequeñas y medianas empresas ocurría eso. Pero las empresas grandes, capital intensivas, que eventualmente podían invertir en la Argentina, tienen más pruritos en violar las leyes laborales. La rigidez del mercado laboral, al menos desde el punto de vista legislativo, era contraproducente al objetivo de atraerlas.

Coincidirá conmigo en que, al lado de los efectos del dólar barato sobre la falta de competitividad de la economía, los del costo laboral eran realmente irrisorios.

No es así. Además, nosotros peleábamos por salvar la convertibilidad. O sea que la modificación del tipo de cambio no era evaluada como una alternativa inmediata. Si no había incentivos desde la política cambiaria, había que crearlos de otra manera. La flexibilidad laboral era una de esas maneras. Bajaba los costos, disminuía los riesgos. Las leyes laborales son muy justas para quienes están adentro del sistema, pero impiden muchas veces la incorporación de nuevos trabajadores. Ése era el objetivo: disminuir el desempleo, reactivar la economía, y todo eso debería haber ayudado a recuperar la estabilidad y la confianza.

¿Hay algún ejemplo internacional donde la flexibilización laboral derivara en un proceso de crecimiento?

Hong Kong no tenía legislación laboral. En Nueva Zelanda se desreguló un poco y eso ayudó al crecimiento. Lo mismo hicieron los canadienses y los chilenos. No ocurrió eso en México.

Es decir que no hay demasiada evidencia internacional: era un razonamiento de laboratorio.

Hay una evidencia de estudios económicos de las distorsiones generadas por el sistema: los de adentro están bien, los de afuera no tienen oportunidad. Quizá minimizamos los efectos sociales de esas medidas. En mucho países no impulsamos con la decisión necesaria las redes de contención, por si las cosas, una vez desregulado el sistema, no funcionaban como se preveía. Pero el concepto es correcto. A usted le parecerá un disparate pero aún hoy, después de la devaluación, el costo laboral argentino es alto comparado con otros países de América Latina. Mal que le pese, eso motiva a los capitales a instalarse en otro lado. Esa situación se asume o no. No asumirla tiene costos.

Como le decía antes, la presión del FMI *por la aproba-*
ción de la ley laboral derivó en un escándalo que, política-
mente, colocó al gobierno de Fernando de la Rúa al borde
del knockout. En uno de sus libros, Stiglitz sostiene que
ese tipo de obligaciones, con cronograma y fechas incluidos,
fomenta la corrupción en sistemas políticos débiles: un
Gobierno que no controla el Parlamento se ve obligado a
corromper legisladores para satisfacer el requerimiento
del Fondo. ¿Usted acuerda con ese planteo?

No podría estar más de acuerdo. Nosotros fuimos
arrogantes y, sin quererlo, muchas veces eso generó
corrupción. Es una de las limitaciones más grandes del
staff del Fondo: entender o incorporar las fuerzas y
debilidades de los sistemas políticos. En ocasiones, el
Fondo ha presionado a los países para que aprueben
leyes en tiempo récord. Eso generó tensiones políticas
innecesarias y, a veces, involuntariamente, estimuló
procedimientos corruptos como la compra de leyes.
Aparentemente, lo que ocurrió con la reforma laboral
en la Argentina es un ejemplo de ello. Yo estoy haciendo un estudio sobre las percepciones de América Latina hacia el FMI. Algo que aparece permanentemente es
eso: el cansancio ante la arrogancia o la falta de comprensión que tuvimos sobre los procesos políticos. La
arrogancia, hay que decirlo, tenía una justificación:
muchas veces los procesos políticos de los países terminaron tomando como rehén al Fondo. No se hacían
las cosas prometidas. Muchos en el Fondo decían "somos técnicos, lo que es correcto, es correcto, y hay
que empujar". Pero uno de nuestros defectos ha sido,
sin duda, la arrogancia.

Repito: ¿es consciente de que esa presión disparó el proceso político que terminó con el gobierno de Fernando de la Rúa?

Mis ex colegas no van a estar de acuerdo, pero había arrogancia. Yo era partícipe de eso. Sólo se da plata conforme a condiciones, lo que está bien si son razonables en número y sustancia. Pero también se deben cumplir plazos estrictos, lo que es un error gravísimo. Se llegó al máximo de condiciones y plazos durante la crisis asiática. No había experiencia en ese momento en trabajar con esos programas en Asia. Se metieron cien, o doscientas condiciones que había que cumplir. Y fue un disparate.

¿Cómo presiona el FMI? ¿Qué significa cuando usted dice: "El Fondo presionó al Gobierno..."?

Las presiones son muy directas y depende del contexto. Es en el proceso de negociación, donde el personal del FMI, y quizá también la gerencia, dicen claramente cuáles son los puntos que necesitamos para poder seguir financiando a un país. El estilo varia según el jefe de misión. Algunos lo exponen en forma muy dura; otros en forma más suave. Y siempre, después, hay un tire y afloje. A la larga queda claro cuáles son las condiciones indispensables para lograr un acuerdo. Muchas veces los países buscan el apoyo de sus padrinos –México con los EE.UU., Argentina con Europa y los EE.UU.– y entonces hay presiones hacia el FMI, a través de sus jefes. Así que el proceso es triangular, en diferentes direcciones. De G-7 a FMI y el país, y a la inversa.

La tercera medida de la Alianza fue el recorte del 13 por ciento a los salarios públicos.[24] ¿También presionaron para que se realizara?

10 de abril de 2004

El recorte del 13 por ciento fue una idea del equipo de Machinea. Nosotros lo apoyamos, como una alternativa, aunque teníamos mucha preocupación por la habilidad del gobierno para imponer esa medida. Técnicamente, los recortes de sueldo tienen sentido, como alternativa a la devaluación. Pero nuestra experiencia indica que siempre fue terriblemente difícil instrumentarlos. No nos opusimos, por cierto. Era el tipo de elección que dejábamos casi siempre a las autoridades. Lo mismo pasó, pero más marcado, con Cavallo y sus ideas de déficit cero.

Claudio, le quiero contar cómo yo viví las medidas económicas de las que estamos hablando.

Notas:

17 Carlos Menem transfirió el poder al opositor Fernando de la Rúa el 10 de diciembre de 1999. Por varias razones, el nuevo Gobierno no analizó seriamente la posibilidad de salir del tipo de cambio fijo. Durante la campaña electoral, para dar garantías de que el cambio de Gobierno no generaría inestabilidad, Fernando de la Rúa se vio obligado a grabar un spot publicitario cuyo eslogan básico –"un peso, un dólar"– ratificaba la convertibilidad. Por su parte, el secretario del Tesoro, Larry Summers, sostuvo que el nuevo Gobierno debía mantener la convertibilidad: "El sistema le ha servido a la Argentina excepcionalmente bien: creó un clima de estabilidad económica en el cual el sector privado puede florecer". En el mismo sentido se había pronunciado el titular del FMI, Michel Camdessus: De la Rúa debía preservar la convertibilidad "que tan bien le ha servido al país". No todos opinaban lo mismo. La corresponsal de *La Nación* en Washington, María O'Donnell contrapuso la opinión de Summers con la de uno de sus subordinados. "El encargado de Asuntos Internacionales del Tesoro, criticó la semana última los sistemas que tienen tipo de cambio rígido. En términos generales, los países deben evitar la trampa que significan los tipos de cambio fijos, que parecen ofrecer una mayor estabilidad pero en realidad incentivan la acumulación de grandes riesgos que pasan inadvertidos". Las razones que los llevaron a optar por ese mantener la paridad –visto desde hoy, un evidente fracaso, aun para los documentos autocríticos del FMI– se discuten en éste y los capítulos que siguen.

18 Las negociaciones entre el equipo económico de Fernando de la Rúa y el Fondo Monetario Internacional comenzaron cuatro días antes de la asunción del nuevo Presidente, durante la primera visita del ministro de Economía, José Luis Machinea, a Washington. En esos encuentros, se llegó a la conclusión de que el déficit de las cuentas públicas era mucho mayor al difundido por el gobierno saliente. Y que la Argentina necesitaría una asistencia financiera extraordinaria que, finalmente, sería de 4.700 millones de dólares, según el acuerdo anunciado el último día hábil de enero. A cambio de ese dinero, el Gobierno argentino se esmeró por enviar señales de su disposición a ordenar las cuentas fiscales. En tiempo récord, mediante una negociación extremadamente tensa con los senadores de la oposición, el Gobierno consiguió imponer un aumento de impuestos y un presupuesto que incluía un ajuste fiscal superior a los mil millones de dólares. Paralelamente, el Gobierno se comprometía a presionar a las provincias para que redujeran su propio déficit y a aprobar en tiempo récord una ley de flexibilización laboral.

19 El aumento de impuestos fue anunciado por el flamante ministro de Economía, José Luis Machinea, el 8 de diciembre, dos días antes de su asunción, durante una entrevista radial durante la cual pidió "perdón" a la gente. La medida central del paquete impositivo imponía un aumento importante en el impuesto a las ganancias, sobre todo a quienes percibían ingresos de clase media y clase media alta, cuyos integrantes masivamente habían votado por el nuevo presidente.

20 *La Nación* sostuvo en un editorial que apelar a los "instrumentos de política tributaria para cubrir los baches que genera el gasto público" crea "un círculo vicioso que dificulta la expansión económica". No fue el único. Miguel Ángel Broda sostuvo que "un ajuste fiscal basado en una contracción del gasto público resulta más expansivo que el que se realiza a partir de un incremento impositivo. Lamentablemente, el paquete de ajuste fiscal en discusión presenta un sesgo más definido a favor de un incremento de los impuestos que de una reducción del gasto". El ex ministro de Economía Roberto Alemann fue más categórico: "Castigan a los menos evasores, a los que ganan plata con su trabajo". Con el tiempo, el paquete fiscal, por sus efectos recesivos, sería una de las razones que esgrimirían algunos teóricos liberales –y algunos políticos, como el ex presidente Carlos Menem– para explicar el colapso.

21 Antes de ser ministro de Economía de Fernando de la Rúa, José Luis Machinea fue presidente del Banco Central de la República Argentina durante la gestión de Raúl Alfonsín, en la década del ochenta. Alfonsín debió renunciar antes de cumplir su mandato, debido a la crisis generada por la hiperinflación. A José Luis Machinea se le adjudica responsabilidad en ese proceso porque, desde el Banco Central, emitía dinero para financiar el déficit público y bonos para el mercado interno. En el archivo de la época, sin embargo, no aparecen serios reparos por el pasado de Machinea sino, al contrario, elogios a la "seriedad" de su equipo.

22 La reunión se realizó en el hotel Sheraton de Buenos Aires, durante la mañana del 18 de mayo de 2000. Según la crónica del diario *Clarín*, entre los presentes estaban Eduardo Baglietto del grupo Techint, el economista Roberto Alemann, el vicepresidente de la Sociedad Rural, Luciano Miguens, Manuel Sacerdote, del BankBoston y Luis Pagani, de Arcor.

23 En febrero del 2000, presionado por el Fondo, el Gobierno colocó en primer lugar de su agenda política la necesidad de que el Congreso aprobara una reforma laboral que, básicamente, acentuaba los rasgos de flexibilidad en los contratos, ya presentes en diversas leyes aprobadas durante el Gobierno anterior. Era un tema de altísima sensibilidad política. A principios de los ochenta, el ex presidente Raúl Alfonsín, del mismo partido que Fernando de la Rúa, había intentado que el Congreso aprobara una reforma para licuar el poder de los sindicatos peronistas. La oposición, que controlaba el Senado, trabó ese proyecto y fue la primera derrota política de Alfonsín. El presidente De la Rúa estaba obsesionado por no repetir una experiencia similar, que terminara licuando su poder recién estrenado. Para ese entonces, además, había múltiples rumores de que los senadores opositores sólo aprobarían proyectos oficiales si recibían sobornos. "Dicen que hay malas prácticas muy antiguas en el Senado, que pasarían por el constante canje de prebendas políticas y personales, a cambio de aprobaciones o rechazos de la cámara", había escrito Joaquín Morales Solá, el influyente columnista de *La Nación*, en diciembre, durante la discusión de las primeras leyes. En ese clima delicado, una manifestación sindical en contra del proyecto derivó en una desordenada represión policial, con el saldo de un dirigente herido en un testículo. El camionero Hugo Moyano, líder del sector sindical que se oponía a la reforma, sostuvo que el ministro de Trabajo le había confesado su intención de sobornar a los senadores peronistas. Para alegría del FMI, la ley se aprobó tal como había sido enviada. Sería, sin embargo, el comienzo de un escándalo político que, a la larga, contribuiría sustancialmente a la caída de Fernando de la Rúa.

24 El 30 de mayo de 2000, Fernando de la Rúa tomó la decisión más dura para cumplir con su objetivo de controlar el déficit: anunció una rebaja del 13 por ciento de prácticamente todos los salarios públicos. A decir verdad, el recorte de esos salarios había sido materia de discusión en su equipo durante la campaña electoral. A mediados del año anterior, el economista liberal Ricardo López Murphy –asesor del entonces futuro presidente– había sostenido que era necesario bajar los salarios del Estado. Por lo impopular del comentario, López Murphy fue retirado del equipo de campaña pero, al asumir el nuevo Gobierno, entró al Gabinete como ministro de Defensa. El 30 de mayo, De la Rúa cumpliría con la recomendación de López Murphy. Es difícil saber cuánto tuvo que ver el Fondo Monetario en su confección, aunque claramente estaba orientado hacia la necesidad de controlar el déficit, como lo sugerían sus enviados. Unos días antes del anuncio, el nuevo titular del FMI, Horst Köhler, había visitado la Argentina. Sus declaraciones fueron contundentes: "El Gobierno ha tomado una decisión de política económica en la dirección correcta. Las disminuciones del gasto son las medidas más creíbles para mostrar que el Gobierno realmente tiene la intención de sanear la situación fiscal". Las primeras encuestas reflejaron que el 67 por ciento de la gente descreía del plan.

Capítulo 5

Ajustes

*Donde el entrevistado intenta explicar la lógica
de las medidas más ilógicas y se enoja y las defiende
y se vuelve a enojar y trata de entender por qué
no funcionaron*

10 de abril de 2004

Desde 1998, pero mucho más desde fines de 1999, yo estuve parcialmente a cargo del semanario Veintitrés, *donde hoy escribo. Fue un gran aprendizaje de macroeconomía. Allí aprendí, por ejemplo, la inutilidad de imponer un ajuste a una economía en recesión. Cada vez que el Gobierno anunciaba un ajuste, lo primero que se notaba era una caída sensible en las ventas de la revista. Como también caían las ventas de todos los productos de consumo interno, lo segundo que se notaba era una caída en la facturación publicitaria. Como ocurría con decenas de miles de empresas medianas, la situación era terminal. Se la podía enfrentar de varias maneras: bajando sueldos, pasándolos a negro de manera de evadir aportes, despidiendo gente o, directamente, cerrando la revista. En cualquiera de los cuatro casos, el Estado percibía menos dinero y se aceleraba el proceso de desintegración social. Es decir, había hecho un ajuste de gastos, pero disminuían también sus ingresos, con lo cual el problema volvía a estar ahí. Y entonces aparecían los gurúes reclamando nuevos ajustes. Llegaba López Murphy con el de 3.000 millones. O Cavallo con el déficit cero.*

Julio Ramos, el director de Ámbito Financiero, *que –usted sabe– no es un hombre de izquierda, llegó a calificarlos como "los economistas que nunca tuvieron que pagar una quincena". Desde mi lugar, era evidente que no se trataba una medida coherente. Lo mismo hubiera dicho cualquier industrial o comerciante. La economía real sufría, sin sentido alguno. Era una medida desagradable y, además, inútil. Pero se insistía en ella una y otra vez, dogmáticamente. En los archivos, el FMI aparece presionando a favor del ajuste, recomendándolo, apoyándolo. Hasta el día de hoy se lamenta de no haber impuesto más ajustes. Lo mismo la "comunidad financiera privada". ¿Cómo se explica? ¿Es sólo dogmatismo? ¿Es ignorancia? ¿Hay alguna variable que yo ignore? Realmente, no entiendo cómo tanta gente inteligente planteó esa estrategia que, vista desde la economía práctica, era absurda. Tiempo después leí una frase –perdón– de Joseph Stiglitz que me pareció muy oportuna: "En los últimos setenta años, un economista que hubiera propuesto aplicar un ajuste a una economía en recesión habría sido despedido de cualquier universidad".[25] ¿Me equivoco en algo?*

Realmente es un buen planteo, pero difícil de contestar. (Mi mujer me acaba de llamar para decirme que le encantó la pregunta.) La razón principal de la crisis no fueron los paquetes de ajuste sino los golpes que había comenzado a recibir la Argentina, a partir de 1998, primero desde Rusia y luego desde el Brasil. Había gran desconfianza en los mercados. Hubo un momento en que los inversores de todo el mundo huían despavoridos de todos los países en desarrollo. La caída en dominó de varios países, desde Tailandia hasta la Argentina, pasando por Corea, Indonesia, Turquía, Rusia, el Brasil, tiene que ver con eso: el pánico. Si un país vive financiando su déficit con ingreso de capitales, quiebra cuando éstos se van. Primero ofrece más intereses que, a su vez, después no puede pagar. Y, finalmente, quiebra. Ésa fue, sintéticamente, la historia.

El Fondo no sólo recomendó ajustes, o los apoyó –para el caso es lo mismo–, también prestó dinero en un momento en que era muy difícil tener confianza en la Argentina. Todas esas decisiones tienen una lógica teórica. El préstamo –el blindaje del año 2000, por ejemplo– permite a un país ganar tiempo y, en teoría, detiene la fuga masiva, porque los inversores saben que ya hay dinero para que el país pague sus obligaciones por un tiempo. Si el gobierno de ese país hace lo que corresponde en ese período, puede ser que los capitales decidan quedarse. No es seguro. Pero puede ocurrir. Y en ese caso se sale del círculo vicioso que usted describe. La lógica del ajuste es, además, más compleja. Aunque le cueste entenderlo, el objetivo del ajuste también es el crecimiento. Porque si el Estado toma menos plata del mercado, hay más plata libre, y los intereses caen y eso puede tener efectos reactivantes que, a su vez, generan más confianza. No necesariamente un ajuste es recesivo.

Visto lo que pasó en la Argentina, parece la teoría de un marciano.

Se lo admito: parece la teoría de un marciano, visto lo que pasó. Así ocurre con todas las teorías, cuando la realidad se les resiste: parecen obra de marcianos. Ésta no lo es. Es una teoría que funciona, como todas las teorías, en determinadas circunstancias. Probablemente, en la Argentina fuimos demasiado optimistas. No medimos, como correspondía, la magnitud del ataque de pánico que afectaba a los mercados. Visto desde aquí, está claro que nada los convencía, ni los hubiera convencido. Se habían quemado con leche: no había gesto posible para recuperar la confianza. Y, al contrario, cualquier señal contradictoria, por pequeña que fuera, alimentaba el pánico.

Pero, además, no había opción al ajuste, por una sencilla razón: ya nadie quería prestarle dinero a la Argentina. Se habían gastado todos los márgenes con Menem, y De la Rúa pagó los platos rotos. El Fondo puede prestar dinero hasta ciertos límites. Usted nos critica porque sugerimos ajustes. ¿Qué otra alternativa teníamos? Prestamos dinero, para que la Argentina tuviera tiempo de recuperarse y devolverlo. A mí me dan bronca los planteos de Stiglitz. No son justos. ¿Qué hubiera hecho él en las mismas circunstancias? ¿Prestar más dinero? Los países, muchas veces, tienen problemas. Y la realidad marca límites muy precisos. Puede ser que, en los últimos sesenta años, pocos economistas recomienden ajustes en recesión. Pero ninguno, salvo Stiglitz, recomienda ignorar los límites financieros que impone la realidad. No estamos trabajando sobre modelos abstractos, ¿me entiende? El mundo fantasioso o ideal de Stiglitz no existe. Si no hay dinero, no se puede inyectar dinero.

Le aseguro que por momentos es muy incómodo ser economista del FMI. La derecha, quizás usted no lo sabe, nos acusa de izquierdistas, estatistas, antimercado. Lea las páginas editoriales del *The Wall Street Journal* y lo va a descubrir. El "blindaje" del año 2000 se concedió contra la opinión de todos estos sectores que ya se inclinaban por dejar caer a la Argentina. La izquierda nos ataca como capitalistas come niños. En una época, Enrique Iglesias, el presidente del BID, ironizaba sobre eso y me presentaba, ante los presidentes, como "el torturador de América Latina".

Cualquier observador objetivo diría: ¿entonces para qué sirven los economistas del Fondo? ¿Se imagina usted a un médico explicándoles a los parientes del muerto "posiblemente fuimos demasiado optimistas respecto de la resistencia de su corazón"? Es demasiada gente la que se equivocó, la que no tuvo en cuenta factores importantes, gente con mucho poder y mucha influencia. ¿No es demasiado autocomplaciente –o demasiado teórico– decir "posiblemente fuimos demasiado optimistas"?

En el caso argentino, es verdad, los economistas del Fondo no fuimos demasiado útiles. Es así. A mí me parece que, en determinadas condiciones, la lógica del ajuste funciona. Aquí no ocurrió. Ahora, vuelvo mentalmente atrás y me pregunto qué deberíamos haber hecho en el año 2000, que era cuando todavía había tiempo para hacer algo. Créame que, dadas las condiciones, no se me ocurren –aún hoy–alternativas.

A mí se me ocurre una: al menos, no proponer medidas que agravaban la situación. Los ajustes profundizaban la recesión, la desintegración social, la debilidad política. Parece la obra de un demente o de alguien muy interesado.

Es que había un problema con la situación fiscal y una necesidad desesperante de obtener financiamiento. Si no se hacía nada, el país caía en el caos, que era lo que se quería evitar. Como lo he dicho, finalmente no lo logramos.

Pero había alternativas. Es fácil decirlo ahora, pero la devaluación y el default eran una alternativa mucho mejor que la continuación de la agonía sin sentido, mediante el ajuste. Al menos nos hubiéramos ahorrado un año desastroso: el 2001. O la reprogramación de la deuda. O el control de capitales para evitar la fuga. Todo eso hubiera hecho sufrir menos a la gente. ¿Me equivoco si sostengo que la ortodoxia es una especie de anteojera que impide evaluar seriamente alternativas distintas al ajuste?[26]

11 de abril de 2004

Es muy fácil hablar del default y de la devaluación ahora. Pero había que tomar la decisión. Era muy complicado. El Fondo no estuvo de acuerdo con el tipo de cambio fijo cuando se implantó. Cavallo presumía porque lo había impuesto pese a nuestros consejos. Y tenía razón: así fue. En general, en situaciones como la Argentina, el Fondo tiende a recomendar la devaluación. En este caso, todos le tuvimos miedo al abismo. De hecho, el efecto inmediato del corralito y la devaluación fueron veinte muertos, un aumento de la pobreza y la indigencia inédito para la historia argentina y la peor caída del PBI en el último medio siglo. Es una cuestión de riesgos relativos. Es difícil volver atrás. ¿Hubiera soportado la sociedad argentina mejor o peor —con el gobierno de la Alianza— el caos que siguió a la devaluación? ¿Hubiera tolerado el gobierno de Fernando de la Rúa la situación de inestabilidad que se produjo en enero de 2002, con el peronismo enfrente? ¿Quién lo sabe? Así que la anteojera no era tan anteojera, sino que quizás era una evaluación de causas y consecuencias, donde el optimismo no estaba mal aplicado En aquel momento pensábamos que se podía parar la infección, y que el cuerpo reaccionaría. Lo que pasa es que el clima donde estaba el paciente fue peor de lo que muchos creímos. No es una situación sencilla, decidir que un país caiga en el infierno. Repito: le tuvimos miedo al abismo. No supimos, como creo que nadie supo, cómo salir de la convertibilidad. No era fácil.

Supongamos de nuevo que, simplemente, el error no fue de "anteojeras ideológicas" –como creo que lo fue, aquí y en otros países– sino de haber sido demasiado optimistas o no haber evaluado correctamente algunos datos de contexto. ¿Cómo ustedes –los economistas que se equivocaron– pueden tener confianza en las evaluaciones que hacen a posteriori? Son los más brillantes, los más preparados. ¿No fueron demasiadas las equivocaciones? Fueron demasiado optimistas respecto de los efectos del ajuste. Y demasiado pesimistas respecto de los efectos de la devaluación y el default. ¿No obliga eso a hacerse preguntas de fondo? ¿No habrá habido otros elementos que no tuvieron en cuenta? ¿Por qué si se equivocaron en el diagnóstico han de tener razón en la autocrítica? Ustedes sólo operan cuando estallan las crisis. Pero, cuando estallan las crisis, explican que es muy difícil manejarlas. Sé que puede sonar ofensivo pero, ¿para qué sirven entonces? ¿Qué es lo que les da derecho a seguir recomendando políticas?

La economía es una ciencia social, bastante completa y analítica pero no perfecta. Hay grados de proyección, hay importantes supuestos, y necesidad de limitaciones en cuanto a la efectividad de la proyección. Por lo menos, eso es la ciencia. En la práctica hay que tomar riesgos, tomar decisiones y los "modelos" se simplifican a fin de lograr algo. Hay errores, pero las alternativas también los tienen. Todo el análisis de decisiones se da en contextos de incertidumbre. Suena pesado, pero los verdaderos economistas, funcionarios nacionales e internacionales, académicos y practicólogos deben saberlo. Por supuesto que la cosa cambia cuando ya escribimos la historia. Está claro que debemos ser modestos en nuestra capacidad predictiva, pero no por ello vamos a dejar de operar. (Creo que esta discusión ya se fue de lo que es el FMI).

No es un tema meramente científico. Es político. Porque, inmediatamente después del "error", el FMI repite las mismas recetas, por ejemplo, en el Brasil. Se supone que Lula y Pallochi son alumnos modelos y que, al superajuste sobrevendrá el crecimiento. Pero no es así. Como suele ocurrir, cuando se aplica un ajuste a una economía en recesión, la economía no crece. Lula enfrenta el mismo laberinto: el poder internacional le impone recetas que técnicamente, como mínimo, son discutibles. Por momentos me da la impresión de que el Fondo no está pensando en la situación económica de nuestros países cuando recomienda ajustar, sino —meramente— en la obtención de recursos para pagar la deuda, no importa cuál sea el costo para nuestras economías. Por eso, quizá, no tenga coherencia científica o técnica: porque la ciencia se subordina a un objetivo práctico, que es el dinero.

A veces estas discusiones son muy complicadas, y no quiero que esto genere una irritación mutua. Mi respuesta anterior intentaba explicar cómo trabajamos los economistas en situaciones de crisis. Es muy fácil hablar, ahora, de soluciones alternativas que suenan bien, como la devaluación. Déjeme recordarle algunas cosas importantes. Vuelva, aunque sea mentalmente, al año 2000. Lea los archivos. ¿Había alguien influyente, de la línea económica que fuere, que recomendara devaluar en la Argentina? Yo no me acuerdo. ¿Alguien se atrevía, al menos, a sugerir esa posibilidad? Nadie. Y usted le está pidiendo al FMI que le imponga a toda la dirigencia del país una medida que, además, no nos terminaba de convencer. La Argentina cayó por un sinnúmero de razones. Si hubiéramos logrado frenar la sangría, entre todos, la situación de los argentinos no hubiera sido tan dramática. No olvide que los efectos de la devaluación fueron devastadores.

Es muy fácil culpar a los economistas, al FMI, o a los ortodoxos por fallas que terminan siendo el reflejo de un sistema político que no camina, y donde no se tiene noción de continuidad institucional y seriedad en los contratos, y no me refiero sólo a los comerciales.

La situación de Brasil es diferente. Tuvo su peor momento en 1999 cuando terminó con su política de tipo de cambio casi fijo. A partir de allí hubo crecimiento en Brasil, quizá modesto porque el mundo no crecía mucho, pero crecimiento en fin. Brasil supo salir de su sistema de tipo de cambio casi fijo. Y luego creció pese a que se tiene que adaptar a vivir con lo que tiene. Son cosas distintas. Creo que Lula, a pesar de la erosión popular que sufre, tiene más en claro que muchos otros la necesidad de gobernar para el largo plazo.[27]

Los principios económicos no son arbitrarios, si se los conoce bien. Todos creemos que podemos vencer la ley de gravedad, cosa que no funciona. Es muy fácil ver el enemigo afuera, y pensar que sólo busca cobrar la deuda. Lo que los economistas del FMI buscamos es el crecimiento de calidad. Los banqueros buscan cobrar pero las instituciones no funcionan de la misma manera.

Al Fondo le cuesta probar instrumentos nuevos. A veces ignora la realidad particular de cada país. Y está sujeto a demasiada presión por parte de los países más poderosos. Le acepto todo esto. Pero no funciona con la lógica de un usurero.

Le concedo que gran parte del problema es interno. Ahora, ¿no sería lógico analizar si los factores externos inciden para perpetuarlo, si los errores –interesados o no– de la comunidad financiera internacional, del Fondo, del G-7, los interlocutores que eligen, las recetas que recomiendan, no agudizan esos problemas estructurales?

11 de abril de 2004

En realidad creo que el entorno es lo que es, y se ha elegido aceptarlo, dado que la alternativa es peor. La pregunta es por qué ha declinado la Argentina a pesar de gobiernos de izquierda, derecha y centro, a pesar de que la comunidad internacional le ha permitido todo. No hay que sobreestimar el poder externo, ciertamente no en el caso Argentino. Además, suponga usted la peor hipótesis. Aceptemos por un momento que, efectivamente, existe una conspiración para saquear la Argentina. Con más razón, la clase dirigente tiene que ser inteligente, sofisticada, está más obligada que nunca a ser seria y a asumir planteos estratégicos coherentes. Créame, Ernesto, no es agradable ver a la Argentina desde afuera. Hay demasiada irracionalidad, conflicto, recriminaciones y muy poco sentido práctico. El clima político ha sido tan autodestructivo que, creo, desaprovecharía cualquier contexto internacional, por favorable que fuera.

El mundo no ha elegido interlocutores, por cierto no desde el retorno de la democracia. Se negoció con todos y se les prestó a todos. Quizá lo que dicen algunos extremistas de derecha tenga algo de cierto, aunque no acepte yo esa respuesta: hubiese sido mejor que la comunidad financiera no le prestara al país, y entonces se tendría que haber arreglado solo, y en forma más drástica.

Como yo creo en el valor agregado positivo de la cooperación internacional, entonces no estoy de acuerdo en encerrar al país. Tampoco creo en el concepto implícito (creo) de la pregunta: no hay elementos conspirativos en el mundo para dominar la Argentina. Hoy el problema del mundo es la exclusión, y esto es lo que tiene que contraatacar la Argentina. La experiencia es que todos los países que decidieron incluirse –últimamente China, Vietnam y la India– abandonaron los conceptos viejos y decidieron incluirse, mientras que nosotros todavía discutimos cuántos ángeles entran en la punta de una aguja, ¡como los intelectuales de Constantinopla antes de la invasión de los Otomanos!

Brasil, la devaluación, la clase dirigente argentina: nos hemos ido un poco del relato cronológico. No creo que haya una conspiración internacional para nada, sino una dinámica que premia las peores políticas –porque son las que convienen al sector financiero–, dentro de las cuales incluyo a las recomendadas por el FMI, y deja poco espacio para explorar alternativas. Creo también que, en nombre del realismo, se imponen recetas como si fueran únicas verdades cuando, quizás, haya caminos distintos tan realistas como los anteriores (De hecho, hay muchos economistas serios cuya visión de la "ley de la gravedad" es distinta de la del FMI*). Pero no quiero desviarme. Permítame reencausar la cronología del gobierno de la Alianza.*

¿Se acuerda dónde y cómo recibió la renuncia de Carlos "Chacho" Álvarez?[28] *¿Recuerda lo que pensó en un primer momento? ¿Cambió en algo su visión de ese episodio con el correr del tiempo?*

12 de abril del 2004

Estoy a punto de salir a ver una ópera (deporte caro e infrecuente para un jubilado). Recuerdo la renuncia de Álvarez. No fue algo que personalmente considere trascendental. En ese momento, me pareció que sus denuncias eran una excusa inteligente para saltar de un barco que, era evidente, ya tenía serias dificultades para navegar. Estaba claro que en los meses siguientes el Gobierno iba a tener que afrontar situaciones muy duras. A mí me pareció que Álvarez tenía ambiciones políticas y quería evitar formar parte de ese proceso. Pero no pasó de eso. No me pareció, insisto, un hecho trascendente. Quizá vio, además, que el poder se le escapaba de las manos al Presidente. Ni entonces ni ahora me pareció que Álvarez renunció, como lo dijo, por una cuestión de principios. Ahora, desde el punto de vista de los que veíamos esto de afuera, no se vio como terrible.

¿No se vio como terrible en ese momento o tampoco a posteriori? Le pregunto porque uno de los discursos

convencionales sobre la caída de De la Rúa sostiene que
el principio del fin –la escalada del riesgo país, la fuga de
depósitos– fue la decisión de renunciar por parte de Álva-
rez. Además: ¿lo conoció?, ¿tuvo alguien del Fondo trato
con la dirigencia del Frepaso?, ¿discutieron algo con ellos?

Nadie lo leyó como algo muy terrible desde afuera.
Yo lo conocí muy de paso, porque me lo presento De la
Rúa en la asunción de mando. La misión se reunió con
él algunas veces, pero yo no, así que no tengo mayor
opinión. No nos pareció terrible su renuncia: ni entonces, ni ahora.

¿Cómo se gestó el préstamo que fue publicitado en la
Argentina como "blindaje"?[29] *¿Cómo se discutió en el Fon-*
do? ¿Cuáles eran los pro y los contra? ¿Cuánto intervi-
nieron los análisis técnicos y cuánto los políticos? ¿No les
resultó medio grotesco el nombre que le pusieron en la
Argentina? ¿Volvería a recomendar la aprobación de un
crédito similar en las mismas condiciones?

El blindaje, como concepto, no es una invención argentina, sino de los mexicanos que, entre los latinoamericanos, son los más innovadores. Ellos armaron un
blindaje, con ese nombre si no me equivoco, en 1999. El
entonces presidente Zedillo, uno de mis héroes latinoamericanos junto con Fernando Henrique Cardozo (en
serio), decidió hacer un paquete de apoyo a las políticas,
para el período de transición a la democracia, con ayuda del FMI, y con financiamiento de bancos. La diferencia con la Argentina es que, en México, el blindaje era
realmente preventivo. En la Argentina se implementó
en medio de una situación ciertamente angustiante. No

eran originales los argentinos. La palabra blindaje no había sido creada por ellos y, además, no me parece para nada grotesca. Es una buena descripción de la utilidad de este tipo de préstamos.

En la Argentina se concibió igual, pero con finanzas públicas algo más débiles. Se lo voy a decir de manera provocativa: antes de Stiglitz, el FMI decidió financiar el déficit del país con un crédito mayor al que hubiera sido usual. Hubo consenso en el FMI, y se le ofreció al Gobierno, que lo recibió muy bien. Esto no fue un proceso demasiado largo, y probablemente la gerencia decidió en una semana. A favor, se contempló que se trataba de un financiamiento contracíclico: se ayudaba a un país cuando las cosas andaban mal. Obviamente, había también argumentos en contra. Argentina podía no hacer el ajuste que prometía (cosa que ocurrió) o no recuperarse pese a la ayuda (cosa que también ocurrió). Pero el blindaje fue una decisión del staff y de la gerencia. No se tomó por presiones externas. Si estuviera en posición de considerar un préstamo similar para la Argentina o cualquier otro país (algo imposible), lo volvería a otorgar, siempre y cuando percibiera capacidad política para empujar un proceso que permitiera salvar a un país de una crisis mayor. Sé que usted me va a acusar de las peores cosas por lo que estoy diciendo.

Notas:

25 El planteo de Stiglitz está incluido en *El malestar en la globalización*, donde dice: "Desde Herbert Hoover ningún economista responsable ha sostenido que haya que concentrarse en el déficit actual y no en el estructural, esto es, el déficit que se registraría si la economía operase en pleno empleo. Pero esto es justamente lo que recomendó el FMI. El FMI admite hoy que la política fiscal que aconsejó fue excesivamente austera. Las políticas agravaron la recesión mucho más de lo que habría sido necesario. Pero durante la crisis, Stanley Fischer, subdirector ejecutivo primero del FMI, defendió las políticas del FMI en el *The Financial Times* y dijo que *todo* lo que el FMI pedía era ¡que tuvieran un presupuesto equilibrado! Durante sesenta años, ningún economista respetable ha creído que una economía que va hacia una recesión debía tener un presupuesto equilibrado". La autocrítica del Fondo –que menciona Stiglitz– sobre la política fiscal excesivamente austera se refería a su actitud respecto de las crisis del sudeste asiático y fue producida el 30 de abril de 1998. Sin embargo, apenas asumió De la Rúa, volverían a aplicar la receta en la Argentina, y la autocrítica del Fondo respecto de su actuación en la Argentina sostiene que deberían haber presionado aun más a favor de los ajustes presupuestarios.

26 La irracionalidad de recomendar ajustes a economías en recesión tiene un adepto poco conocido. Se trata del ex jefe de investigación del FMI, Michael Mussa. En su libro citado, escribió: "Además, se hacía cada vez más evidente que la solución para la dinámica potencialmente inestable de la deuda argentina a través de un ajuste fiscal no era factible desde el punto de vista político ni simple desde lo económico. Desde el punto de vista político, los ajustes fiscales resultan particularmente difíciles cuando un país ya se encuentra en medio de una profunda recesión y esto se da muy especialmente en el caso argentino... Desde el punto de vista económico, la realización de un ajuste fiscal en medio de una profunda recesión tiende a frenar la recuperación económica, la que es esencial para encarrilar la dinámica de la deuda. El reconocimiento de estas dificultades volvió a los mercados financieros particularmente sensibles, tanto a los problemas políticos para lograr una austeridad fiscal, como a las noticias adversas relacionadas con el desempeño económico del país".

27 El capítulo 12 de este libro está dedicado íntegramente a realizar una comparación entre la salida de la crisis aplicada por el Brasil y la aplicada por la Argentina.

28 El vicepresidente Carlos "Chacho" Álvarez renunció el 7 de octubre de 2000 como consecuencia de un fuerte enfrentamiento público que mantuvo con el presidente Fernando de la Rúa alrededor de la investigación de los supuestos sobornos que se habrían pagado en el Senado para aprobar la reforma laboral en el mes de febrero. En su discurso de renuncia, dijo: "Parece paradójico, y a la vez resulta cada vez más chocante. Cuanto más avanza la pobreza, la desocupación, el escepticismo y la apatía, desde no pocos lugares se responde con dinero negro, compra y venta de leyes, más pragmatismo y más protagonismo para quienes operan en la política como si fuera un gran negocio para pocos. Esta realidad no acepta medias tintas, no se puede tratar al cáncer con aspirinas". Ese mismo día, la tasa de riesgo país subiría 23 puntos y comenzaría una escalada, en serrucho, que la haría protagonista exclusiva del proceso argentino en el año siguiente.

29 En los últimos días de diciembre de 2000, la Argentina obtuvo un préstamo especial de 39.700 millones de dólares por parte del Fondo Monetario Internacional. Durante los dos meses previos, hubo intensas negociaciones. Los funcionarios del Fondo, desde Stanley Fischer hasta Teresa Terminassian admitieron por primera vez en público la posibilidad de que la Argentina cayera en default. Exigieron, a cambio del blindaje, que el gobierno argentino desregulara el sistema de salud –para que las empresas privadas pudieran entrar en el negocio que, en cierta medida, estaba monopolizado por sectores sindicales–, que aprobara una reforma previsional –para aumentar la edad jubilatoria de las mujeres–, y que impulsara una ley de accidentes de trabajo, para disminuir los montos de posibles indemnizaciones. Dependiendo del caso, el presidente De la Rúa firmó los decretos o envió al Parlamento las leyes correspondientes. La negociación por el blindaje se realizó en un marco extremadamente tenso. Había pasado un año desde la asunción de la Alianza. El Gobierno había impuesto un paquete impositivo y dos ajustes de gastos. Había perdido gran parte de su consenso social y de su estabilidad política. Y todo eso, para que –un año después– volviera a pedir ayuda a los organismos internacionales. Sin embargo, días después del anuncio del blindaje, la Reserva Federal anunció que bajaría las tasas de interés, con la obvia reducción de compromisos que ello implicaba para el endeudado Estado argentino. Hubo, por primera vez, sensación de alivio. Duraría unas pocas semanas.

CAPÍTULO 6

Blindaje

Donde el entrevistador es acusado de ignorante, prejuicioso, conspirativo y, casi, antisemita

Quiero seguir con el proceso de toma de decisiones que llevó al préstamo conocido como el "blindaje". En su libro The Chastening, *el periodista Paul Blustein cuenta una anécdota fascinante sobre cómo se otorgó un crédito similar a Rusia en 1998. Blustein relata que el staff del Fondo estaba absolutamente convencido de que no debía aprobarse un paquete de ayuda especial, porque no salvaría a Rusia de la crisis y sólo daría tiempo a la fuga de capitales. Tan convencidos estaban que, en la jerga interna, apodaban al crédito* FIEF *(Foreign Investors Exit Facility, es decir, algo así como Programa para la Salida Rápida de Inversores Extranjeros). Blustein cuenta que, ante las dudas del Fondo, un financista reclamó desde el* The Wall Street Journal *que pusieran la plata. Martin Gilman, por entonces el enviado del* FMI *en Moscú, le respondió por fax que, si estaba tan preocupado por la "caída de Rusia", pusiera él la plata.[30] ¿Fue así? ¿Tan fuerte fue la presión de los bancos para que el Fondo armase un paquete de ayuda especial a Rusia? Me parece muy importante esta historia porque, dos años después, se repetiría en la Argentina.*

14 de abril de 2004

La pelea entre el staff del FMI y los bancos en Rusia fue muy fuerte, y existieron los incidentes que se mencionan. Los bancos, naturalmente, tienen su agenda –muchas veces muy distinta a la del staff del FMI– especialmente en Rusia donde los bancos estaban muy metidos y eran los principales acreedores. Estas luchas siempre existieron. Los banqueros y los inversionistas decían sin ninguna vergüenza que la mejor manera de evitar la fuga de capitales de Rusia era que el FMI y el Banco Mundial pusieran el dinero, a fin de restaurar la confianza. Por cierto, que no era deseable ni posible poner las cantidades de las que se hablaba.

Pero al final prestaron 23 mil millones de dólares.

Así fue.

Y, como señala Blustein, pasó lo que el staff del Fondo anticipaba: ese préstamo dio tiempo a la fuga de capitales, no evitó la crisis y dejó al Estado ruso mucho más endeudado.

Sí. La decisión de otorgarlo, finalmente, la tomó el directorio y el staff fue derrotado. Me parece que era una situación muy especial. Había pánico político ante la eventualidad de que Rusia, como se dice vulgarmente, "cayera". La expresión en inglés que se usaba por entonces era *"too nuclear and too big to fall"* ("demasiado nuclear y demasiado grande como para caer"). La administración

Clinton presionó para la entrega de ese dinero que, finalmente, no alcanzó para evitar la caída en el default.

Es bastante impresionante que la comunidad financiera y política imponga su criterio una vez más contra la opinión de los técnicos. ¿Es disparatado sospechar que, en algún sentido, el Fondo Monetario —más allá de las opiniones del staff— actuó en aquel momento en connivencia con la necesidad de los bancos de ganar tiempo para fugar capitales o para cobrar un poco más de la deuda antes de la debacle?

15 de abril de 2004

Usted me va a acusar de ingenuo pero no acepto fácilmente la idea de que los jefes del FMI tomaron —ni en el caso ruso ni en ningún otro caso— una decisión en contra de la opinión del staff simplemente para permitir la salida de capitales. El staff del FMI no quería que se prestara ese dinero debido a los riesgos económicos objetivos. La gerencia, en cambio, tiene la obligación de equilibrar la ortodoxia financiera de los economistas con las realidades políticas. Así fue en el caso de Rusia. Realmente, me parece un disparate pensar que Michel Camdessus o Stanley Fischer querían ayudar a los bancos privados, hacia los que no sentían ningún amor.

Tengo mucha necesidad de discutir por qué repitieron la historia en la Argentina con el blindaje, pero antes permítame hacerle una pregunta. ¿Stanley Fischer[31] no es el mismo que, luego de abandonar el FMI, pasó a ser ejecutivo del Citicorp?

Sí, es el mismo. Stanley Fischer fue muy atacado por Joseph Stiglitz[32] debido a su decisión de aceptar el trabajo que le ofreció el Citi. La actitud de Stiglitz causó muchísimo malestar en círculos del Fondo Monetario Internacional, en la comunidad internacional, incluidos muchos países en desarrollo, y en el mundo académico. Stiglitz estaba personalmente enojado con Fischer. Habían existido problemas territoriales: Stiglitz, desde el Banco Mundial, quería intervenir en el análisis macroeconómico de los países, y chocaba con el FMI, que tiene la prioridad en esa área. Además, pretendía ser el economista jefe de los organismos. Y nadie estaba de acuerdo. Ni Fischer, ni Mussa, ni Camdessus, ni Köhler y ni siquiera James Wolfenssohn, del Banco Mundial. Eso generó una pelea muy dura y creo que de allí se derivan los ataques de Stiglitz a Fischer. Es una cuestión personal. No tiene nada que ver con el crédito a Rusia.

Se imaginará que no conozco a ninguna de esas personas y no imaginaba que el tema era de alta sensibilidad personal. Pero el señalamiento de Stiglitz me sigue pareciendo atinado. Stanley Fischer tomó una decisión política en sintonía con los requerimientos de la comunidad financiera, pese a la opinión del staff. Cuando dejó el Fondo, se fue a trabajar para la comunidad financiera. Es demasiado sospechoso. Es como si, finalmente, oficializara quién había sido su real empleador. ¿O no?

16 de abril de 2004

Me hubiera resultado muy difícil aceptar su pregunta si estuviéramos cara a cara. Es una pregunta que, implícitamente, tiene un altísimo nivel de prejuicios, y refleja un esquema conceptual conspirativo e ignorante: nadie que conozca a los personajes de los que usted habla podría argumentar seriamente que el verdadero empleador de Fischer era la comunidad financiera. Para mí, y para la mayoría de la gente del FMI, Stan es un hombre admirado y respetado, de profunda integridad personal y gran humanidad. Es un brillante académico, inteligente y abierto a las discusiones. Nos hacía la vida realmente muy difícil con sus preguntas incisivas. Pero, en mis treinta años en el Fondo, nunca encontré a alguien a quien apreciara tanto dentro del directorio del FMI. Fue una pena enorme que no lo eligieran como Director General luego de la salida de Camdessus. Lo eligieron a Köhler para respetar la tradición de que un europeo ocupara el cargo. Stan tenía una excelente relación con Lawrence Summers, quien había sido su alumno, y con Robert Rubin,[33] otro hombre que yo respeto mucho. Por supuesto que Rubin, desde el Citi, le ofreció trabajo. Fischer esperó seis meses para que no hubiera conflicto de intereses. Y fue contratado por su calidad personal y profesional: no por agradecimiento del Citi. Los bancos no contratan por agradecimiento sino por perspectivas. No he visto que su seria visión cambiara con el tiempo. Tengo gran cariño y respeto por él. Por eso, me extendí en mi respuesta.

Insisto. Usted lo ve desde adentro y yo desde afuera. Rubin era el secretario del Tesoro —es decir, un hombre que definía, prácticamente, las decisiones del FMI— y luego pasó al Citi: venía de Goldman Sachs. Fischer era el número dos del Fondo y luego pasó al Citi. Historias similares protagonizaron David Mulford o Lawrence Summers. Es razonable percibir que, como mínimo, tienen una cosmovisión que los une al sector financiero. "Piensan el mundo" desde ahí. Es posible que, de acuerdo con el rol que ocupan, hayan tenido conflictos puntuales —o no— con el sector financiero. Pero está claro que comparten ideas básicas sobre cómo debe funcionar el mundo. No se trata, naturalmente, de discutir sus cualidades personales. Pero su origen, y su destino, es muy revelador. En la Argentina ocurrieron hechos similares. Mario Vicens[34] —el número dos de Machinea cuando se realizaron los ajustes y el blindaje— luego pasó a ser presidente de la Asociación de Bancos. Algunos teóricos llaman a esto la "puerta giratoria". Fue demasiado general el fenómeno en los noventa como para reducirlo a cuestiones de moral individual, ¿no?

No veo ningún problema en que compartan la cosmovisión. Estamos hablando del área financiera-económica, donde hay parámetros y terminología comunes. Es como los médicos o los ingenieros, o los abogados. Hay un entrenamiento y una orientación común en general, que es perfectamente válida y moralmente buena (o, al menos, neutra). Hay que saber del tema y por eso es que existe este proceso de interacción. El problema es que algunos lo ven de manera exclusivista y conspirativa (interpreto yo) cuando en realidad es una cuestión meramente profesional. Puede ser que alguna gente sirva para las dos cosas y otros no tanto y que se dediquen a analizar, estudiar o interpretar después de salir de un organismo. Pero las experiencias del FMI o del Banco Mundial son valiosísimas porque se conocen países y comportamientos. Es lógico, y no está mal, que algunas empresas contraten expertos de los organismos.

¿No existe el poder? ¿No existen los intereses? Si los organismos internacionales son conducidos con gente que comparte la perspectiva de la comunidad financiera, es más probable que encuentren justificativos y racionalizaciones para "errores" que la benefician. Por ejemplo, el crédito a Rusia o, en el caso argentino, los ajustes en períodos recesivos (que en el corto plazo liberan dinero para afrontar la deuda inmediata) o la liberalización del mercado de capitales o el blindaje. Yo no veo mal que terminen trabajando en el Citi o donde sea. Pero me parece elocuente la falta de equilibrio. ¿Quién opina en nombre de los países afectados en el directorio del Fondo? ¿Quién aporta una cosmovisión diferente que permite alertar, por ejemplo, cuando ve una burbuja financiera? De hecho, cada vez que vamos a un ejemplo –Rusia, el problema del gasto público en la Argentina, la visita de Menem, etc.– siempre aparece la comunidad financiera jugando un rol determinante para que las cosas no se vean como son.

17 de abril de 2004

Su pregunta me hace acordar a un pasquín que apareció en Buenos Aires, en plena crisis de 2001, y que fue comentado por el diario *La Nación*. En él se hacía referencia a la cantidad de judíos que participaban del complejo proceso de negociación de la deuda externa argentina. Recuerdo que decía, casi textualmente, "cuando se juntan Fischer, Loser, Reichmann, Mario Blejer y Daniel Marx[35] para hablar sobre la Argentina, lo hacen en idish". Y no lo decían en broma. Lo de los banqueros casi es parecido. Nadie puede ignorar el poder de los grupos financieros. Pero me parece que usted lo sobredimensiona hasta el absurdo. Las decisiones políticas se toman con la participación de los países que están en la junta directiva. Por supuesto que allí hay muchos expertos en finanzas. Pero, a la larga, el poder depende del ámbito político de los países.

Y déjeme aclararle algo, aunque creo que ya lo he hecho. Los ajustes no se hacen para pagar la deuda. Se hacen, primero, para que los países dejen de endeudarse y, luego, para que empiecen a pagar cuando estén bien, lo que no está mal per se. Es obvio que, cuando un país gasta más de lo que ingresa, se endeuda, pierde reserva y, finalmente, ya no tiene a quién recurrir para recibir dinero. Ahí piden que el FMI vaya a salvarlos. Y lo odian cuando el préstamo viene con una condición sencilla: que vivan de acuerdo con lo que obtienen. Es un simple ejercicio de economía casera.

¿Hablaban en idish con Fischer, Marx y Blejer?

No, porque había dos judíos alemanes y uno no era judío. En serio: usted tomará el tema en broma pero, para mí, no fue un chiste. Nunca me sentí más atacado en mi condición de argentino y de judío. Los demás no lo tomaron igual que yo. Pero fue un momento difícil. Yo no creo que usted sea antisemita. Sería un loco si lo creyera. Pero la idea de que en algún lugar del mundo hay cuatro banqueros planeando cómo destruir a un país mientras se relamen comparte, con el más clásico antisemitismo, su esquema conceptual. Es una estupidez. No es lo que pasa. Y lo digo con énfasis porque esa idea –más o menos acentuada– aparece permanentemente en el discurso político argentino. Creo yo – aunque no tiene ninguna importancia porque, al fin y al cabo, ¿quién soy yo?– que esa idea es una de las causas del fracaso del país.

Me parece obvio que el antisemitismo no tiene nada que ver con nuestra discusión, que va a seguir. Antes, quiero insistir en un tema. El "paquete especial" para Rusia refleja una obviedad: el FMI es particularmente sensible a las presiones de la comunidad financiera y a las decisiones políticas de los Estados Unidos. ¿Hasta qué punto es así?¿Usted recuerda situaciones, aparte del apoyo a México en 1995, donde los Estados Unidos hayan querido pero no hayan podido imponer una decisión trascendental?

18 de abril de 2004

La aprobación de un paquete financiero del FMI, podría hacerse sin la aprobación de los EE.UU. o de Europa, aunque sería difícil y de hecho no ocurre. Las instituciones son manejadas por los países grandes, pero no son sus cautivas. Los banqueros presionan pero no se salen con las suyas en todo. Ahora: son parte del territorio, nos guste o no. La evaluación de los países "centrales" acerca de sus intereses es importante, pero ni siquiera los Estados Unidos o Europa son absolutamente hegemónicos. Hay mucho juego de equilibrios, en el que los países latinoamericanos también jugaron un rol importante para ayudar a la Argentina: llamados de ministros y presidentes al Director/Directora Gerente, fuertes intervenciones en la junta directiva, etc. La presión de los distintos grupos es despiadada: eso es así. Pero no siempre es efectiva. Creo que el mundo es mucho más atomizado de lo que creen los ideólogos de izquierda y derecha. Por supuesto que los países grandes tienen su rol. No soy ningún ingenuo. Sé que a partir de mediados de siglo pasado, los norteamericanos vieron muy limitada su capacidad para enviar marines a estabilizar distintos países del mundo. Y, muchas veces, sentí que el FMI cumplía ese rol: por otras vías, con mejores intenciones, pero cumplía ese rol. Eso es tan viejo como el mundo: los países poderosos dominan, o intentan dominar, a los débiles, con distintos instrumentos. Es como decir que el círculo es redondo. (Pero todo esto es mas viejo que el mundo, y debe estar en la naturaleza de la civilización que los países importantes dominen a los más débiles).

Algunos ejemplos de la complejidad del tema. En 1995, los Estados Unidos querían que se aprobaran los préstamos a México. Los europeos se opusieron pero perdieron. En algunos caso como Guyana, Honduras y Nicaragua hace algunos años, los EE.UU. no querían dar ayuda dentro del esquema HPIC (Highly Indebted Poor Countries), porque no le gustaba el principio. Pero se aprobó. Éstos son ejemplos, a los que se pueden agregar discusiones no de países sino de políticas en general, respecto de los mecanismos de préstamos, donde es mucho más común que haya peleas abiertas, entre staff y gerencia, por un lado, los EE.UU., por otro, los europeos por otro y así. En cuanto a los casos más grandes, mi visión es que para dar un préstamo controversial, no se dirimen las peleas en público, sino dentro del G-7 y consultando al Director Gerente, y a veces con enojo grande de los otros. Un caso, que a mi juicio fue claro (posterior a mi época), es el programa que se le dio a la Argentina en enero de 2003, contra la opinión de Köhler, que no quería prestar. Pero ésta no es la norma.

Volvamos a la Argentina. Creo que, cuando el Fondo le otorga el blindaje a la Argentina, repite al pie de la letra la experiencia de Rusia. Hay un país en crisis, la comunidad financiera reclama tiempo para poder sacar la mayor cantidad de plata, el FMI regala ese tiempo. La crisis no se evita, el país queda más endeudado, pero los bancos logran un período de gracia para salvar algo de lo que habían invertido.

Es un paralelismo absolutamente forzado.

¿No es lo que ocurrió?

Vamos por partes. En principio, hay elementos que diferencian a la Argentina de Rusia. En este caso, los principales perjudicados por el default fueron los bancos extranjeros. En la Argentina, en cambio, había miles de inversores y, además, estaba la necesidad de preservar la confianza de los ahorristas para no agravar las cosas. Su mirada, otra vez, es muy conspirativa. Cuando uno otorga un crédito de esta naturaleza está pensando en múltiples sectores de interés. Si deja "caer" al país, se perjudican los acreedores externos, los bancos, los inversores, pero también los ahorristas, los trabajadores. Hay una delicada línea por donde se debe caminar. Recuerde: no hay manera de salir de una crisis sin costo. Nosotros apostamos, en ese momento, a la posibilidad de que se pudiera evitar. Pero no fue igual que en Rusia. No fue una decisión tomada por la presión de los Estados Unidos o de la comunidad financiera. El staff del FMI, solito, llegó a la conclusión de que correspondía apoyar a la Argentina con el llamado "blindaje". Usted toma el ejemplo de Rusia porque le es funcional a sus argumentos.

¿Por qué, en cambio, no elige ejemplos donde los paquetes de ayuda financiera funcionaron? No todos los antecedentes eran tan malos como el de Rusia.

¿Dónde funcionaron?

20 de abril de 2004

Hace unas semanas estuve en el Brasil donde, se imaginará, estas discusiones son muy habituales. El Brasil recibió un paquete a fines de 1998 que, en principio, pareció fracasar. Pocas semanas después, el Gobierno anunciaba la devaluación. Un analista económico brasileño sostiene que el paquete permitió al Brasil devaluar con una base fiscal muy fuerte que impidió el descontrol inflacionario. Y que no se habría podido mantener la cohesión política si no hubiese sido ésa la secuencia. Más adelante, en Rusia y en la Argentina, pasaría lo mismo, aunque de manera mucho más tortuosa. En el sudeste asiático, los paquetes ayudaron. Es difícil saber en qué medida. Pero lo cierto es que los países aguantaron una crisis seria durante seis meses y después salieron. No siempre funcionaron, no siempre fracasaron. Con esos antecedentes, no aprobar el blindaje hubiera sido sentenciar a muerte a un país cuando –creíamos nosotros– aún tenía posibilidades de sobrevivir.[36]

Todos los países que usted menciona se recuperaron, o lograron controlar las crisis, luego de devaluar sus monedas –es decir– luego de acceder a una situación más competitiva. Los ejemplos que usted da confirman, en lugar de desmentir, todas las sospechas.

Los países, en los últimos veinte años, no devalúan porque el FMI lo pide. Lo hacen porque se desarrolla un consenso implícito o explícito de su necesidad. En la Argentina, Brasil, México, Corea, Tailandia se devaluó[37] porque no había otra alternativa. Ésa fue la crisis de Europa en 1992, cuando la libra y la lira fueron devaluadas. Es parte de la dinámica política que a veces todos olvidamos.

Pero, Claudio, todos los antecedentes indicaban que la crisis sólo podía superarse si se devaluaba. Y ustedes, pese a que había sólo un antecedente en contrario –Hong Kong– prestaban plata a un país con serios problemas en la economía real. ¿Era sólo un error técnico?

21 de abril de 2004

Era, quizá, la única alternativa. En la Argentina, no había consenso para devaluar. Le voy a contar cómo se hicieron las cosas en el Brasil. Cuando, a fines de 1998, se desencadenó la crisis y el gobierno pidió ayuda, expuso el plan que tenía para ajustar las cuentas. Los miembros del staff del Fondo le preguntaron si no consideraban la posibilidad de devaluar y respondieron que ni siquiera aceptaban la cuestión como una pregunta. Sabían que, si se filtraba alguna duda al respecto, hubiera sido imposible frenar la corrida. Dos meses después, cuando era evidente que el paquete había sido insuficiente para frenar la crisis, el Brasil devaluó. Nosotros nos enteramos minutos antes de la decisión tomada. Claro, es otro tipo de dirigencia. ¿Quién estaba dispuesto a tomar una decisión así en la Argentina? Tampoco, le admito, estábamos dispuestos nosotros. Aún hoy, yo dudo de que el costo hubiese sido menor si se hubiese devaluado antes. Quizás hubiera habido más gente que se quemara con sus depósitos atrapados, lo que hubiese creado un caos mayor. La decisión del blindaje se sostiene en un principio que yo defiendo: prefiero, toda la vida, ser evolutivo, porque he visto el desenlace de muchas revoluciones. La terapia de shock –dejar que un país se caiga– es la que defiende la derecha económica en todo el mundo. Quizás hayan tenido razón. Yo no la comparto. Quiero ser más didáctico aún. Nadie, en la Argentina, quería devaluar. N-A-D-I-E. Eso no podíamos cambiarlo desde el FMI, donde también teníamos nuestras dudas. La opción de la devaluación no existía. Las alternativas eran: otorgar el blindaje o dejar que estallara la Argentina. Optamos por la primera.

¿Le plantearon al equipo argentino, como antes lo habían hecho al brasileño, que considerara la posibilidad de devaluar?

La discusión acerca de un plan B, o el equivalente, no era posible en forma abierta en la Argentina en ese momento. Las autoridades no querían hablar del tema, porque consideraban –hasta el mismo momento previo a la debacle– que el sistema era rescatable y que tenía fuertes virtudes en términos de estabilidad de precios y seguridad en los contratos. En el FMI se comenzó a trabajar acerca del tema, en términos de escenarios posibles, pros y contras. Por lo delicado del asunto fue hecho inicialmente con gran reserva, pero se construyeron muchísimos escenarios desde aproximadamente 1999. Ya hacia mediados de 2001 se hacían análisis con gran frecuencia, pero las autoridades no aceptaban participar de ellos. Recién en el período de Cavallo se discutió el tema abiertamente. Pero no en el momento del blindaje. Y, si hubo alguna sugerencia, jamás estuvo planteada como condicionamiento.

22 de abril de 2004

¿Era sólo técnica la decisión de no devaluar? La devaluación, evidentemente, perjudicaba mucho a los acreedores externos –porque al país teóricamente le sería más difícil comprar dólares más caros–, a los conglomerados extranjeros que invirtieron en la Argentina y verían depreciado el valor internacional de sus activos, es decir, a los ganadores de la década del noventa.

23 de abril de 2004

Siempre, en estas situaciones, hay mucho poder y mucho lobby en juego. Había intereses poderosos que preferían mantener la convertibilidad, y había también intereses poderosísimos que preferían devaluar y pesificar sus deudas (como *Clarín* y otros endeudados). Es decir que la puja política estaba bastante equilibrada. Pero, además, había mucho miedo de herir a los depositantes o a los deudores, dependiendo de la salida. Por supuesto, cuando se devaluó perdieron los prestamistas, los depositantes y los inversores. Todos los que habían puesto dólares propios en algún lado. Eso refleja, a mi entender, no sólo que el poder es relativo, sino también el efecto de una visión populista según la cual los acreedores son siempre malos (es una visión muy de la España antigua) y los deudores son víctimas, no utilizadores del capital. Cuando vuelvo mentalmente a aquellos momentos de la Argentina, me pregunto si debo estar contento porque mi cuñada pudo pagar su deuda hipotecaria pesificada con dólares que tenía ahorrados o triste porque mi suegra perdió sus depósitos acorralados. La gente piensa que los bancos se llevaron el dinero y, en realidad, terminaron quebrados. Los deudores de todo tipo se beneficiaron además con los bonos del Gobierno que cubrieron la diferencia por la pesificación asimétrica. Pero el país incrementó enormemente su deuda y la está pagando. Ésas son enormes injusticias, que han beneficiado a chicos y grandes y que se hicieron a pesar de las quejas del staff y el Directorio del FMI, más la comunidad internacional. Pero, por supuesto, en la Argentina se dice muy fácil que la culpa es de los otros. Hace muchos años, a un colega mío le dijeron literalmente "los países machos no van al Fondo a pedir". Él les contestó: "Los países machos no pierden reservas". Que traducido a hoy en día significa: que si los países hicieran las políticas adecuadas, justas y serias no necesitarían del FMI en momento de crisis porque no se endeudarían como se endeudaron.

Ya vamos a llegar a ese punto. ¿Se sorprendieron cuando, un par de semanas después, los efectos del blindaje se hicieron polvo? ¿Cómo les golpeó que todos los análisis se hicieran trizas en apenas quince días? ¿A qué lo atribuyeron?

24 de abril de 2004

El blindaje tenía sus debilidades, pero a nuestro juicio valía la pena arriesgar. Hubo varias situaciones que lo derrumbaron. La principal, quizá, fue la crisis de

Turquía.[38] Era enorme la sinergia que existía, en esos días, entre Turquía y la Argentina. Cualquier cosa que anduviera mal en uno de los dos países repercutía inmediatamente en el otro. Y había similitudes, como la absoluta resistencia a la devaluación por parte de la dirigencia turca, con algún consenso entre cierto sector del FMI. Este tema cambiario es, aún hoy, el que más controversia genera entre economistas. De cualquier modo, la Argentina aportó lo suyo. Hubo varios pequeños episodios de inestabilidad política y un débil seguimiento de la evolución del gasto por parte del Gobierno. Nada de todo eso era grave en sí mismo. Pero ante la situación de extrema volatilidad, disparaba el riesgo país hacia las nubes.

Son todos factores que debían haber previsto, ¿o no?

Algunos sí, otros no. Terminamos todos consternados, porque nos habíamos jugado por la Argentina, y habíamos fracasado otra vez. Pero no había demasiado tiempo, en esos días, para hacernos el harakiri, ni para llorar sobre la leche derramada.

Notas:

30 El 17 de agosto de 1998 –más de tres años antes de que lo hiciera la Argentina– Rusia anunció su devaluación y su entrada en el –hasta entonces– default más grande de la historia. Sólo un mes antes, a mitad de julio, el FMI había concedido a Rusia un crédito de 22.500 millones de dólares, al cual el staff se oponía pero que igualmente fue otorgado por presiones políticas y financieras. La crisis rusa fue especialmente traumática para el FMI porque, a diferencia de China, Rusia consensuó con los técnicos del organismo su transición del socialismo al capitalismo. La comunidad financiera internacional no percibió los riesgos de la transición rusa, a punto tal que, a principios de 1998, el centro de Moscú explotaba con las inauguraciones de los nuevos edificios de entidades financieras de primera línea internacional, las cuales ganaban mucho dinero con los préstamos de corto plazo que financiaban al gobierno de Yeltsin. Cuando estalló la crisis, la comunidad financiera empezó a exigir un paquete de ayuda del FMI. El periodista del *The Washington Post*, Paul Blustein, cuenta el episodio en su libro *The Chastening*: "Como una muestra del estado de ánimo en el departamento de Europa [del FMI] existió un indignado fax enviado por Martin Gilman –por entonces representante del FMI en Moscú– a William Browder, el jefe de una consultora de inversores, quien había escrito una columna en la edición europea del *The Wall Street Journal* reclamando un paquete de veinte mil millones de dólares. "Encuentro, como mínimo, curioso su punto de vista –escribió Gilman–. Si la situación es realmente como usted describe, quizá sea apropiado que usted y otros inversores salven a Rusia y a sus dividendos aportando los veinte mil millones ustedes mismos". El final de la historia es que los aportó el FMI y sólo sirvieron para financiar la fuga de capitales y para endeudar más al país. La historia se repetiría en la Argentina tiempo después.

31 Stanley Fischer fue el número dos del FMI entre 1994 y 2001 –bajo la gestión de Michel Camdessus– y, según diversas fuentes, su figura más influyente, entre otras razones, por sus estrechos vínculos con los funcionarios del tesoro norteamericano. Su biografía es sumamente interesante. Fischer creció en el Norte de Rhodesia, donde hoy existe Zambia, en una colonia británica, adonde su padre había emigrado desde Lituania. Pertenecía a la única familia judía en una aldea donde habitaban 400 blancos rodeados de decenas de miles de negros discriminados. Luego de terminar la secundaria, Fischer vivió durante seis meses en un kibutz israelí, donde aprendió hebreo, se graduó en la London School of Economics y se doctoró en los Estados Unidos. Es ciudadano norteamericano desde 1976. Logró prestigio internacional como el técnico que ayudó a Israel a implementar su plan de estabilización en 1980, y desde allí realizó una importante carrera en los organismos internacionales, donde fue economista jefe del Banco Mundial –un cargo que después ocuparía Stiglitz– y finalmente número dos del FMI.

32 El argumento completo de Stiglitz, incluido en *El malestar en la globalización*, decía: "Los ministros de Hacienda y los presidentes de los bancos centrales suelen estar muy vinculados con la comunidad financiera: provienen de empresas financieras y, después de su etapa de Gobierno, es allí adonde regresan. Robert Rubin, el secretario del Tesoro durante buena parte del período aquí descrito, venía del mayor banco de inversión (Goldman Sachs) y terminó en la empresa (Citigroup) que controla el mayor banco comercial. El número dos del FMI durante este período, Stan Fischer, se marchó directamente del FMI al Citigroup. Estas personas naturalmente ven al mundo con los ojos de la comunidad financiera. Las decisiones de cada institución reflejan naturalmente las perspectivas e intereses de los que toman las decisiones: no sorprende que las políticas de las instituciones económicas internacionales se ajusten en función de intereses comerciales y financieros de los países industrializados avanzados".

33 Robert Rubin fue el secretario del Tesoro norteamericano. Lawrence Summers su segundo, y luego su sucesor. El poder que tenían fue reflejado a principios de 1999, en una tapa de la revista *Time*, donde posaban junto a Alan Greenspan, titular de la Reserva Federal norteamericana, bajo el título "The Committee to Save the World" ("El comité para salvar al mundo"). Ese supuesto "comité" diseñó las políticas con las cuales los organismos internacionales enfrentaron las sucesivas crisis financieras de fines de los noventa. El periodista Paul Blustein escribió: "Rubin, Summers y Greenspan son inteligentes –de hecho, figuran entre los más hábiles y capaces creadores de política económica en la memoria reciente–, pero el aura que adquirieron como salvadores de la economía genera la falsa impresión de que la economía internacional estaba en manos de mentes geniales que fríamente recomendaban remedios cuidadosamente calibrados para domar a la bestia salvaje del mercado financiero global. La realidad es que mientras los mercados se hundían y asomaban los defaults, los guardianes de la estabilidad financiera global a menudo andaban a tientas, tropezaban, improvisaban y establecían acuerdos desordenados." La descripción refleja una vez más el enorme poder de los funcionarios norteamericanos en la estrategia que, finalmente, es llevada a cabo por el FMI. Ninguno de los "salvadores del mundo" eran funcionarios del Fondo.

34 Un caso más elocuente es el de Daniel Marx, eterno negociador y renegociador de la deuda externa con los organismos internacionales y los bancos extranjeros. Marx fue directivo de los bancos Tornquist y Río, antes de transformarse en negociador de la deuda durante las presidencias de Raúl Alfonsín y Carlos Menem. En este último caso, junto a Horacio Liendo, fue uno de los dos funcionarios que lograron la inclusión de la Argentina en el Plan Brady en 1993. Un par de años después Marx volvería a la actividad privada, como director ejecutivo del Fondo de Inversiones Darby Overseas creado por el propio Nicholas Brady. Luego, volverá a ser el negociador de la deuda durante la presidencia de Fernando de la Rúa. Es decir que, de ambos lados del mostrador de la negociación, solía haber técnicos que pertenecían al sector financiero y compartían, si no sus intereses, al menos su punto de vista sobre cómo se debe manejar una economía y cuáles deben ser sus prioridades.

35 Tomas Reichmann es un economista chileno que estuvo treinta años en el FMI y fue el encargado de monitorear el caso argentino durante toda la crisis. En agosto del año 2000 realizó un análisis del caso argentino muy curioso para alguien de su profesión (aunque difícilmente discutible): dijo que la Argentina es una "caso" para el "diván psicoanalítico". Mario Blejer, por su parte, es un economista cordobés que trabajó durante veinticinco años en el Fondo Monetario Internacional y en el Banco Mundial. Volvió a la Argentina cuando Domingo Cavallo lo convenció de que se hiciera cargo de la vicepresidencia del Banco Central, tras el desplazamiento de Pedro Pou. El 17 de enero de 2002 asumió como presidente del Banco Central de Eduardo Duhalde y fue un hombre clave para comenzar a destrabar las relaciones con el FMI posteriores a la declaración de default. Al igual que Loser, pasó por las aulas de la influyente Universidad de Chicago.

36 La era de los "paquetes" o préstamos masivos para salvar a un país de una crisis financiera comenzó en 1995 con los 50 mil millones que sirvieron para estabilizar a México luego de la devaluación y la subsiguiente crisis del Tequila. "Paquetes" similares fueron recibidos por Tailandia en agosto de 1997 (17.200 millones), Indonesia en octubre (33 mil millones), Corea del Sur en diciembre (55 mil millones), Rusia en agosto de 1998 (22.800 millones), el Brasil en noviembre de ese año (41.800 millones) y, finalmente, la Argentina en diciembre de 2000. En gran parte de esos casos –particularmente en Corea, Rusia y el Brasil–, los efectos positivos del préstamo fueron de cortísimo plazo y los gobiernos se vieron obligados a devaluar poco tiempo después, en situaciones más o menos caóticas donde se repetían, país tras país, procesos recesivos y fuga de capitales.

37 El único país que no devaluó como consecuencia de las crisis financieras fue Hong Kong. Todos los demás, devaluaron antes o después de recibir los paquetes de ayuda.

38 Las similitudes entre Turquía y la Argentina son realmente sorprendentes. Los dos países habían tenido tipos de cambio fijos en los años posteriores a la crisis y habían hecho reformas de acuerdo con las ideas del Consenso de Washington. En los dos casos, la crisis de 2000 obligó al FMI a conceder un programa especial en diciembre de ese año, que demostró ser inútil unas pocas semanas después de concedido.

La diferencia central es que, inmediatamente, Turquía devaluó y la Argentina no. La rapidez de la reacción permitió que siguieran las relaciones con el FMI. La sociedad turca, así, se ahorró un año de desgaste inútil –el 2001– y su PBI cayó un gigantesco 10 por ciento, mucho menor al 17 en que se redujo el PBI argentino. Al año de devaluar, Turquía –al igual que la Argentina– comenzó a recuperarse con energía. Algunos atribuyeron esa recuperación a las buenas relaciones con la comunidad internacional. Si fue así, no se explica por qué la Argentina también se recuperó.

CAPÍTULO 7

Riesgo país

*Donde la libertad es libre (sobre todo si usted
tiene mucha plata)*

25 de abril de 2004

Me generó cierta nostalgia la expresión "riesgo país".[39] En esos días, verano de 2001, todos los argentinos comenzamos a interesarnos en la expresión "riesgo país". ¿Se acuerda? La Argentina –quizá como el Brasil de hoy– bailaba al ritmo de ese numerito.

26 de abril de 2004

Perdóneme, pero ni el Brasil ahora ni ningún país que yo recuerdo se obsesionó tanto por el riesgo país como la Argentina del 2001. Yo recuerdo haber hablado sobre el riesgo país con mozos y taxistas en Bariloche, Mendoza o Buenos Aires. Tenía cierto sentido, porque indicaba las posibilidades de que el país se fuera al pozo. Pero se le agregaba, en este caso, el carácter dramático tan típico de nuestro país, o quizá las condiciones más mediáticas de la influyente clase media argentina.

Me puede explicar cómo se calcula ese número.

El riesgo país es un indicador técnico muy observado por financistas y economistas. Si las cosas van razonablemente bien, es muy estable. Si hay problemas fundamentales, como déficit fiscales, deudas incontrolables o problemas externos, sube, y se vuelve sensible a cualquier elemento de incertidumbre, como las declaraciones de un gobernador que sugiere no pagar más la deuda externa. Recordará usted que fue así en el Brasil, gracias a un exabrupto del ex presidente Itamar Franco. El "riesgo país" no le importa a Chile porque no tiene necesidad de financiamiento. Y ahora no le importa a la Argentina porque decidió declarar en default su deuda privada y entonces no está desesperada por el costo de pedir más dinero: eso la alivia en el corto plazo, pero es un problema en el largo plazo, porque no recibe inversiones ni entrada de capital. Además, apenas la Argentina necesite algún refinanciamiento va a aparecer nuevamente en el escenario.

27 de abril de 2004

Cada vez que miro para atrás no deja de impactarme el tema del riesgo país. Es, probablemente, el único indicador económico con vida propia. No mide nada objetivo sino, de alguna manera, la "confianza" de los inversores. En ese verano, ocurrió un episodio muy revelador de su funcionalidad. Una comisión del Senado norteamericano emitió un informe[40] donde un banquero muy importante de la Argentina aparecía involucrado en un mecanismo gigantesco de lavado de dinero. Esa investigación afectaba al presidente del Banco Central, Pedro Pou.[41] El riesgo país salió disparado. Para poder mantener controlada la situación económica –el "riesgo país"– el Gobierno debía frenar cualquier investigación que disgustara al sector financiero. ¿Qué debe hacer un Gobierno en ese caso? ¿Priorizar la estabilidad y, entonces, proteger a un sospechoso? ¿O priorizar la investigación de la corrupción? ¿Cómo vivió usted el caso Pou? ¿Está de acuerdo con que la comunidad financiera muchas veces tiene un comportamiento extorsivo?

Cada grupo de poder es extorsivo –los banqueros, los maestros, los piqueteros o las fuerzas armadas–. El tema es cuánto se les deja operar, es decir, si el sistema tiene o no equilibrios. Recuerdo, obviamente, el informe sobre lavado de dinero. Y los banqueros temían que la explosión de ese tema ahuyentara a los capitales que recién empezaban la fuga. El problema del lavado de dinero comenzaba a percibirse como un tema serio en el mundo. Ya habían existido quejas de banqueros europeos y norteamericanos. Al aparecer problemas políticos, los bancos de los países centrales comenzaron a instrumentar procesos de transparencia, y luego, por obvias razones de competencia, a presionar para que los adoptasen también los bancos de los países subdesarrollados. En esto, la Argentina era muy poco importante, ya que los estudios del Senado abarcan muchos países, y la Argentina era un contraventor menor. Sólo que en la Argentina, como siempre, ¡se creían en el centro del mundo! Sé que Pou es un personaje desprestigiado en la Argentina. Pero en su época la Argentina no estaba tan mal. Pou trabajaba con rapidez e hizo intervenciones para salvar a los depositantes y no a los dueños de los Bancos. En éste, como en otros temas, es difícil cumplir al cien por cien el objetivo de atacar a un criminal sin destruir un sistema que, en la Argentina, era muy débil.

Las corridas bancarias son difíciles de parar y han sido terriblemente dañinas. Por ello se requiere un arte de la gestión financiera muy balanceado, para preservar el sistema financiero, y no sus dueños. Después del default, el Gobierno argentino tuvo que discutir ampliamente casos de bancos con conductas dudosas a los que se veía obligado a salvar para evitar una corrida. ¿O no fue así?

La destitución de Pou, ¿jugó, a su entender, un rol muy grave, o ya la dinámica –después del efecto Turquía y la caída del blindaje– era imposible de detener pasara lo que pasara?

28 de abril de 2004

Pedro Pou era odiado por los banqueros, porque no los trataba con cariño, a pesar de lo que se decía. Era un personaje polémico, pero daba garantía de seriedad. Su destitución fue producto de la intención de Cavallo de destruir cualquier foco de resistencia y el placer de los congresistas y políticos, que veían a Pou como el que les destruyó el acceso al crédito subsidiado, y posiblemente corrupto, en la banca oficial. Pero, como le decía antes, ningún episodio aislado se puede tomar como especialmente grave. El problema era la suma de pequeños problemas en una situación de volatilidad extrema.

Creo que hay demasiados indicios que alcanzan para poner en duda la honestidad de Pou.[42] Pero no me parece central para este diálogo. Lo cierto es que el Estado debía sostenerlo no porque fuera honesto, sino porque "la comunidad financiera" así lo percibía. De esa forma, el riesgo país limitaba completamente el funcionamiento de una sociedad democrática y su capacidad para tomar decisiones en un momento crítico. Eso ocurría en todas las áreas. El Gobierno se veía obligado a ajustar, porque así lo reclamaba la comunidad financiera. Lo hacía, pero como la política era incoherente, el riesgo país estallaba. Si no lo hacía, en cambio, también estallaba porque los financistas querían que lo hiciera. El riesgo país ponía a la Argentina en una situación sin salida. Hoy se recuerda como un disparate la transición entre Machinea y Cavallo, entre otras razones por el maltrato a López Murphy.[43] Pero el marco era tan disparatado que nadie, ni Maquiavelo, hubiera podido hacer todo bien. ¿Usted no está mínimamente de acuerdo en que no haber controlado el rol tan preponderante de los mercados financieros –que se expresaban a través de sus voceros y más directamente del riesgo país– en el manejo de la crisis fue descabellado?

29 de abril de 2004

El concepto de riesgo país es el de un precio, y no está manipulado tanto como se cree. Reflejaba la falta de confianza que existía. Punto. Eso era lo que muchos en el mercado pensaban. Mi experiencia es que la gente de los mercados tiene instinto de rebaño pero que, a la larga, actúa en función de los elementos fundamentales, especialmente en estos aspectos de finanzas internacionales. La multiplicidad de participantes hace que no se pueda controlar por parte de un grupo pequeño.

Pero ¿cómo se define ese número? No creo que los bonistas italianos o japoneses tengan idea de cuán independiente

157

es el Banco Central de la Argentina, o cómo está controlando el gasto público la provincia de Buenos Aires. Visto de lejos parece un índice que surge de movimientos realizados por grandes jugadores, que son los que saben cómo presionar. ¿Cuáles son? ¿Cuáles eran los más importantes en el caso argentino? ¿Cuántos actores intervenían en el proceso?

30 de abril de 2004

El riesgo país no es un concepto teórico, por cierto, sino muy práctico. Surge del valor que se le da a un bono en el mercado, teniendo en cuenta la oferta y la demanda. No hay grandes misterios. Por supuesto que hay una cantidad limitada de gente que conoce el sistema más al detalle, pero no siempre están de acuerdo entre sí. No tengo nombres específicos pero son normalmente gente en los grupos grandes. Coincido con usted: no hay una conspiración pero sí mucho de darse cuerda mutuamente. Es decir, cada uno da la opinión y eso afecta los mercados, pero sólo en el muy corto plazo, si están fuera de línea con la realidad percibida por la mayoría de los agentes. Siempre hay participantes que quieren intervenir para "comprar barato y vender caro", y se llega a un punto donde se revierten las tendencias.

Me parece, Claudio, que sus respuestas eluden el nudo de mis preguntas. Puede ser –ha ocurrido muchas veces en la historia– que los inversores de corto plazo apuesten irracionalmente a una burbuja y huyan con la misma irracionalidad. En el proceso, quizá recomiendan políticas inadecuadas: un ajuste en recesión, el sostenimiento de un funcionario sospechado por corrupción, la defensa de un ministro sin sostén político que insiste en recetas inadecuadas, la concesión de un préstamo, la aprobación de una ley. ¿No es eso lo que empezó a ocurrir en la Argentina en el verano de 2001? ¿Era ilógico que un enorme sector de la dirigencia ya percibiera lo que era obvio: que aplicar nuevos ajustes en ese contexto era una estupidez? Pero, si no lo hacían, el riesgo país volaba por el aire. Ahora: no se podía discutir porque la comunidad financiera, a través del riesgo país, y de todos esos voceros, con trajes carísimos, cara de ángeles y dictámenes inapelables, crucificaban al país. ¿Usted no percibe que había un alto grado de locura en todo ese proceso?

¿No le gustan los trajes caros, y las caras lindas? Le puedo recomendar lugares donde se pueden comprar muy baratos. Con todo respeto y afecto, las preguntas son lamentablemente el resultado de un medio totalmente obsesionado con los enemigos invisibles. De ahí hay un paso a la acusación de la conspiración, de la Sinarquía de Perón: la Iglesia, los comunistas, los capitalistas y los judíos conspirando contra la Argentina.

La obsesión con los operadores de Wall Street no es exclusiva de la mentalidad conspirativa. Desde Tom Wolfe hasta Cavallo,[44] en algún, momento, la han compartido. En esos tiempos, la Argentina fue asfixiada por advertencias de representantes de fondos de corto plazo que, con tono apodíctico, explicaban las recetas que debía aplicar un país endeudado. Todas coincidían con la necesidad de ganar tiempo para que los capitales huyeran. Lo increíble es que haya gente —en los organismos internacionales, entre los políticos, en los círculos académicos– que sostenga que el mundo va a andar mucho mejor si ellos se mueven sin ningún control.

1º de mayo de 2004

Los banqueros no son buenos ni tienen por qué serlo. Pero las fuerzas del mercado (el mercado de verdad) son de temer, no porque lo manipulen sino porque, con instinto de rebaño y todo, muestran las preferencias generales. El riesgo país, de paso, es un precio y no un instrumento manipulable. Vuelvo a insistir en que hay demasiados grupos buscando negociar, que no se puede manipular demasiado. En realidad salvo problemas puntuales, como los que menciona, y que ocurren en momentos de turbulencia, la correlación más alta es entre el riesgo país de los mercados emergentes, y los bonos de las empresas de segunda línea en USA, que son la competencia en términos de riesgo. Es verdad que, a través de la historia ha habido malos juicios, movimientos precipitados y gente corrupta, pero eso no significa que hubo algo especialmente dramático, salvo la estupidez acumulada de las autoridades en sus errores políticos y quizá la desesperada voluntad de los otros países para que no se derrumbe un país. ¿Qué aporta el hecho de que a usted le caigan mal los voceros de los bancos o sus funcionarios intermedios?

No es una cuestión personal. A mí me impresiona cómo, durante ese verano, cuando ya empezaba la fuga, nadie evaluó seriamente la posibilidad de imponer el control de capitales. Era un buen momento para que fuera el Estado argentino –y no los grandes inversores– el que decidiera cómo enfrentar la crisis.

El control de capitales hubiera agravado la situación. Es la peor de las señales. Suena a confiscación. Lo hizo Cavallo unos meses después y la economía reaccionó como se preveía.

Quiero insistir. Me parece que la imposibilidad de discutir ese tipo de medidas refleja, otra vez, el interesado dogmatismo del FMI. Usted sabe bien que había un ejemplo muy reciente –Malasia, en 1998– en el cual, ante la inminencia de una crisis y un ataque especulativo, se había impuesto el control de capitales. Y había funcionado bien. En ese caso, un economista muy talentoso, como Paul Krugman, recomendó públicamente el control de capitales.[45] ¿Por qué el Fondo tiene opiniones tan tajantes sobre temas tan complejos? ¿Krugman también será antisemita?

No. Krugman es un hombre siempre brillante. El caso de Malasia ha sido muy discutido por economistas de todas las tendencias. Lo primero que se me ocurre decirle es que ese control de capitales se impuso en el marco de una dictadura represiva. De eso nadie habla.

¿Hay evidencias de que ese elemento influyera en el éxito o fracaso de la medida?

Sirve como dato de contexto. Hay medidas que son muy desestabilizantes, y para un gobierno democrático es más difícil resistir su puesta en marcha. Eso le ocurrió, por ejemplo, a De la Rúa luego del corralito. Pero no es sólo eso. Es verdad que Krugman recomendó el control de capitales a Malasia y con eso aportó un fenomenal paraguas intelectual para que el Gobierno de Mahathir lo aplicara. También es cierto que, pese a que los seis meses posteriores a la medida fueron muy malos para su país, luego Malasia empezó a recuperarse y bien. Es decir, no fue una tragedia. A partir de allí, alguna gente concluyó que el control de capitales fue un éxito. Usted cita correctamente a Krugman, pero se olvida de una parte. En 1999, él hizo un balance de las consecuencias de aquella decisión. Y, otra vez, fue muy brillante. Destacó que, por un lado, estaba claro que Malasia no terminó en el abismo luego de imponer el control de capitales. Pero también que el resto del sudeste asiático se recuperó luego de un lapso de seis meses, sin imponer el control de capitales. Ese dato de contexto genera interpretaciones variadas para todos los gustos. Stiglitz cree que Malasia se recuperó mejor que los demás. Krugman, no. Yo –aún hoy, que estoy fuera del Fondo– me inclino siempre por las opciones que no dañen de manera permanente las relaciones del país con los mercados financieros. No me parece que sea una buena manera de encarar los problemas.

Si los temas son opinables, como usted bien lo describe, ¿por qué las recomendaciones son tan taxativas? ¿Por qué no se puede analizar un abanico amplio de políticas posibles? A mí me parece claro: Wall Street necesitaba fugar los capitales, entonces es imposible que el Fondo analice seriamente la opción de impedir la fuga. Le cito un fragmento notable de Stiglitz, que no se refiere a la Argentina: "Es comprensible que el FMI y las estrategias que impone a países de todo el mundo sean acogidos con tanta hostilidad. Los miles de millones de dólares que entrega son empleados para mantener los tipos de cambio a niveles insostenibles durante un período breve, durante el cual los extranjeros y los ricos pueden sacar su dinero del país en condiciones más favorables (merced a los mercados abiertos de capitales que el FMI ha recomendado a los países)". ¿No se siente, al menos, un poco culpable?

2 de mayo de 2004

Estoy de acuerdo en unas cosas y en otras no. Pero el tono es demasiado extremo. Le voy a explicar cómo veíamos las cosas entonces y cómo las vemos –o, por lo menos, cómo las veo– ahora. Durante toda la década del noventa hubo un amplio consenso en que la llegada de capitales financieros era buena para los países en desarrollo. Yo sigo creyendo eso. Si sobra dinero en el mundo de los ricos, tiene que haber canales para que llegue al mundo de los pobres. La idea de que el mercado mundial debe ser lo más libre posible es una buena idea y ha contribuido al crecimiento exponencial de países que antes estaban aislados. Eso ocurre, como se ve hoy, con la China, India o Vietnam. También ocurrió en los noventa en la Argentina. La imposición del control de capitales no sólo establece una relación de conflicto con el mercado financiero. También en el pasado fue objeto de múltiples escándalos de corrupción por parte de funcionarios que realizaban todo tipo de maniobras escandalosas. Todo eso fundamentó la percepción de que el capital debía fluir libremente. No era un principio histórico del Fondo y fue adoptado creo que a mediados de la década.

Yo sigo creyendo que era una medida esencialmente correcta.

Eso es lo increíble. Hay teóricos, como Stiglitz –pero no sólo él–, para los cuales la liberalización del mercado de capitales fue –tomada en sí misma– la medida más desestabilizadora para los países en desarrollo: "El flujo de dinero caliente, entrando y saliendo de un país, que tantas veces sigue a la liberalización de capitales, provoca estragos. Los países subdesarrollados pequeños son como minúsculos botes. La rápida liberalización de los mercados de capitales, del modo recomendado por el FMI, significó soltarlos a navegar en un mar embravecido, antes de que las grietas de sus cascos fueran reparadas, antes de que el capitán hubiera sido entrenado, antes de subir a bordo los chalecos salvavidas. Aun en el mejor de los casos, había una alta probabilidad de que zozobraran al ser golpeados como una gran ola".[46]

Stiglitz es siempre extremo. Son todas palabras muy lindas pero se estrellan contra los casos concretos. Si uno toma a la Argentina en el momento de la crisis, quizá –no lo estoy afirmando– podría llegar a una conclusión similar. Podría darle casos en los que el control de capitales no funcionó y otros en los que empeoró la historia. El problema sigue siendo el mismo: cómo facilitar la llegada de dinero. Y, para seguir con nuestro relato cronológico, qué hacer en cada momento. ¿Quién y cómo hubiera aplicado controles de capital en la Argentina en febrero de 2002? ¿Qué hubiera pasado? Me atrevería a decir que habría saltado todo por el aire. No era racional.

3 de mayo de 2004

No es sólo Stiglitz el que plantea estos temas. Hace más o menos un año, la revista conservadora The Economist *elogió el sistema de control de capitales impuesto en Chile, como un contraejemplo de lo que se hizo, y no se debió haber hecho, en los noventa. "Grandes ingresos de capital extranjero significan para los países en desarrollo una oportunidad casi irresistible de acelerar su desarrollo económico. Cuando esos ingresos representan una inversión directa, son siempre positivos. Pero en otros casos, se esconde el desastre salvo que se cumplan una serie de precondiciones. El ingreso de capitales a una economía con instituciones financieras pobremente reguladas puede traer más daños que beneficios".[47]*

De todos modos, en lo referido a controles de capital, yo he sido y sigo siendo un defensor a muerte de la libertad de movimientos de capital. Personalmente peleé a brazo partido con los chilenos por sus controles a la entrada de capital. Ellos en realidad lo manejaron muy bien, en forma transparente: les impusieron impuestos si se quedaban por poco tiempo. Era inteligente, pero yo creo que el éxito de Chile fue el conjunto de políticas y no el control de capital. (Admito que ellos opinan distinto).

¿Puede extenderse un poco más sobre sus discusiones con los chilenos? ¿Por qué se demostró que ellos, y no ustedes, tenían razón?

4 de mayo de 2004

En el caso de Chile, la discusión giraba alrededor de evaluar si se justificaba el costo del control (una mayor tasa de interés interna por el impuesto, la necesidad de establecer controles administrativos). Además, el establecimiento de controles suele derivar en actos de corrupción, sobre todo teniendo en cuenta la experiencia latinoamericana. En Chile, en cambio, todo funcionaba bien. Había una política fiscal seria, hasta incluso empresas estatales eficientes, un sistema cambiario predecible. Y pese a ello, debió enfrentar salidas de capital muy fuertes. Pienso, como principio general, que el sector privado maneja mejor que el público el destino de los movimientos de capital. La alta movilidad del capital en los últimos años ha hecho más inestable una situación de crisis. Pero la crisis hubiera explotado de una manera u otra. Los capitales golondrina especulan. Y muchas veces, como en la Argentina de 1995, pierden. Lo que ocurre es que los diarios sólo publican las historias de los que se enriquecieron especulando contra la moneda de un país. Y no cuentan a los que perdieron. Lo que importa es la solidez de la situación económica de un país.

Yo hoy recomendaría, como *The Economist*, seguir los pasos de los chilenos. Pero debo aclarar que los brasileños y los colombianos tenían métodos similares pero sus economías eran más desprolijas y las cosas no funcionaban. En general, se fue aprendiendo que debía existir un marco regulatorio o a la chilena o a la argentina, muy fuerte, hacia los grupos financieros. En resumen, los controles de capital pueden ayudar pero se desgastan rápidamente. Hoy solamente vería bien algo como lo de Chile, que ahora sin embargo eliminaron: un impuesto a la entrada, que se reduce a medida que se alarga el plazo de estadía del capital. Pero no es el centro de la polémica. Lo importante es tener los mecanismos de supervisión, cosa que no entendimos muchos de nosotros al principio pero ahora sí.

De no existir ese mecanismo de supervisión se crean problemas serios. En este mismo momento hay un problema explosivo incipiente: China está expandiendo su crédito y no sabemos cuál es la calidad de sus préstamos. Creo que hay una bomba de tiempo. Todos tratan de entrar en la China, y aunque el FMI dice que tengan cuidado, no hay forma de convencerlos. Créame que no estamos discutiendo una cuestión ideológica sino instrumental. Adam Smith sostuvo que a los empresarios hay que dejarlos competir y tener libertad, pero cuando se juega con los dineros públicos hay que seguirlos de cerca.

5 de mayo de 2004

Hay un párrafo del artículo de The Economist *que me parece central. Dice así: "Parece más seguro fruncir el ceño ante cualquier tipo de control y, en aquellos casos donde han sido utilizados de manera inteligente y exitosa, reconocer el éxito con reticencias. Pero es deshonesto. Sería mejor reconocer la necesidad de esas reglas en determinadas circunstancias y pensar fuertemente cómo usarlas con sensatez y límites". ¿No es ésa su actitud? ¿Admite con reticencia lo obvio? ¿Cómo reaccionaría hoy el FMI si la Argentina impone un control de capitales similar al chileno?*

Es un debate legítimo qué hacer con los movimientos de capital. Es más, el FMI cambió su posición hace tres años.[48] En el mundo hay fenómenos nuevos, que muchas veces nos sorprenden. ¿Qué más quiere que le admita? Los economistas aprendemos por acumulación de experiencias. Y no tenemos por qué suicidarnos en el proceso. Un error muy típico en los setenta y principios de los ochenta era pensar que la apertura de los mercados de capital generaría una supervisión bancaria y financiera automática. No fue así. Las instituciones de control se desarrollaron más lentamente que los mercados. Estoy hablando de temas de calidad de cartera, la salud financiera de los bancos, requisitos de que los activos y pasivos en la misma moneda estén calzados. Hace ya algunos años el FMI y el Banco Mundial evalúan los sistemas financieros a través de un mecanismo que se llama FSAP (Financial System Assesment Program). Muchos países lo han hecho y ha sido tremendamente útil, porque se evalúa todo el proceso y la calidad de los sistemas. En la Argentina el reporte sobre el sistema financiero fue favorable, en cuanto a su calidad. Las técnicas son muchas y escapan un poco (o mucho) a mi conocimiento detallado, pero están en gran demanda. Por supuesto, son temas técnicos, y si las políticas macro están mal no importa la salud técnica. Krugman es brillante y no tengo nada que agregar. En Malasia funcionó el control con un Estado policial. Hubo otros países a los que les fue bien de la otra manera y con más libertad. *The Economist* es muy razonable. Respecto de Stiglitz, sigo pensando que está mirando el extremo, y no lo general. El mundo evolucionó en muchas cosas. Se aceptan ciertos puntos que antes no. Eso es progreso. Lo que no puedo compartir es la idea de que los bancos son el enemigo al que hay que combatir. Me parece una idea primitiva que sólo destruye a los países donde se instala. De los errores se puede aprender. Y en los noventa hubo muchos. Pero no acepto que hayan sido errores interesados. Los organismos internacionales –o yo mismo– podemos aprender; tenemos nuestros propios mecanismos de autocrítica. No me

pida que nos hagamos el harakiri. Ninguno de nosotros
lo va a hacer. Ésa es, quizá, mi principal objeción a los
planteos de Stiglitz.

Notas:

39 El crecimiento en serrucho del riesgo país comenzó
en julio de 2000, cuando los senadores peronistas amenaza-
ron con trabar, durante un par de días, el recorte salarial de los
salarios públicos, que celebraban Wall Street, los organismos
internacionales y la comunidad de economistas ortodoxos de
la Argentina. Cayó y volvió a subir con la renuncia de Chacho Álvarez, con la devaluación de Turquía, con la crisis que
siguió a la caída de José Luis Machinea. Ante cada respingo
del RP, los voceros de la comunidad financiera recomendaban nuevas medidas –el megacanje, el déficit cero– que generaban alivio por apenas unas pocas semanas. Luego volvía la
crisis y nuevos reclamos. A partir de julio, cuando tocó los
1700 puntos, comenzó una espiral que lo depositaría por
arriba de los 5000, desde donde no bajó hasta el día del
cierre de este libro.

40 El informe sobre el lavado de dinero en la Argentina
era, en realidad, consecuencia de una extensa investigación
que el Senado norteamericano llevaba a cabo sobre las actividades supuestamente ilegales del Citibank en el mundo. En
ese contexto, el senador Carl Lewin consideró demostrado
que, en la Argentina, el Citibank utilizaba los servicios del
Federal Bank, un "banco cáscara" (*shell bank*), para realizar
operaciones no declaradas por más de 4.500 millones de dólares durante toda la década del noventa. El Federal Bank
pertenecía nada menos que a Raúl Moneta, titular de otros
dos bancos en la Argentina y un miembro destacado del entorno del ex presidente Carlos Menem. Los senadores norteamericanos también señalaron que la financiera Mercado

Abierto –de Aldo Ducler, un hombre cercano al ex candidato a vicepresidente del Partido Justicialista– "estaba al tanto de las cuentas que se abrirían para transferir dinero de la droga desde los Estados Unidos hacia la Argentina", y cuestionaron al Banco Central por haber permitido o desconocido esas maniobras sospechosas.

41 Pedro Pou fue un hombre clave del Banco Central durante casi toda la presidencia de Carlos Menem, y llegó a su presidencia a mediados de 1996. Desde los distintos cargos que ocupó, piloteó las crisis financieras que comenzaron en 1995. Fue destituido luego de un informe lapidario de una Comisión Bicameral Parlamentaria que destacó su "desidia y negligencia", sus "actitudes antisemitas", el "fracaso en ejercer el poder de policías del Banco Central para controlar a bancos que en forma cotidiana violaban normas". Y también lo cuestionó duramente por no "haberse mostrado molesto por la actitud obstruccionista del Citibank en el caso del Banco República ni del Federal Bank, ni sorprendido por las manifestaciones del comité del Senado norteamericano sobre la existencia de bancos *off shore* como un servicio habitual ofrecido por las entidades reguladas por el Banco Central".

42 La transición de Machinea a Cavallo fue una señal clara de que De la Rúa empezaba a perder la brújula. El primer reemplazante de Machinea fue Ricardo López Murphy, quien presentó un plan sencillo, que consistía en efectuar un recorte de 3.000 millones de pesos. La reacción política lo aisló. De la Rúa prometió sostenerlo, pero dos semanas después, lo dejó caer. Fue, de alguna manera, un anticipo de lo que ocurriría en diciembre y enero siguientes, durante la semana de los cinco presidentes. La crisis comenzaba a devorarse a cada uno de los hombres que intentaba domarla.

43 Uno de los elementos más sorprendentes de la gestión de Pedro Pou fue su aval a las irregulares privatizaciones de los bancos provinciales. Una breve enumeración da cuenta de lo sucedido. Dos de esos bancos –el de Formosa y el del Chaco– fueron entregados a bancos nacionales que quebraron apenas meses después de la operación. Otro –el de Tucumán– cayó en manos de un grupo que luego se demostró vinculado al narcotráfico. Otros dos –el de Santa Fe y el de Mendoza– fueron traspasados a manos de banqueros que terminaron con problemas judiciales serios, uno preso y el otro prófugo. El caso más increíble, más cerca del realismo mágico que de la ortodoxia económica, es el del banco de La Rioja: fue entregado a un ex secretario privado del entonces presidente Carlos Menem, que no tenía ningún antecedente y casi ningún patrimonio; el hombre se ocupó de entregar créditos a amigos que nunca pensaban devolverlos y el Estado debió reestatizarlo a un costo superior a los 300 millones de pesos.

44 Domingo Cavallo sostuvo que los operadores de mercado eran "miopes" y que debían ponerse los anteojos "para que vieran bien y no se equivocaran. Los mercados... ustedes saben lo que son los mercados; son unos muchachos jóvenes que están sentados mirando una computadora, hablando por varios teléfonos y que no tienen tiempo de pensar". Tom Wolfe realizó una maravillosa descripción de la escala de valores y el ambiente de trabajo de los ejecutivos de Wall Street en su novela *La hoguera de las vanidades*: "Habían tenido que alzar un palmo el suelo, para que bajo su superficie se desplegaran metros y metros de cables, tantos que hubieran bastado para la electrificación de toda Guatemala (...) Habían tenido también que bajar otro palmo el techo, para alojar los tendidos eléctricos para la iluminación y los conductos del aire acondicionado, así como unos cuantos kilómetros más de cables. Y, después de haber subido el suelo y bajado el techo, aquellas salas parecían una mansión inglesa notablemente comprimida (...) Volvió la esquina y allí estaba: la sala de compraventa de bonos (...) Era un amplísimo espacio, de unos dieciocho por veinticuatro metros, pero con el mismo aplastante techo de dos metros y medio de altura, que parecía pesar sobre la cabeza de quienes trabajaban allí. Un espacio opresivo con una iluminación deslumbrante, un montón de serpenteantes siluetas y un considerable estruendo (...)

Las siluetas serpenteantes correspondían a los brazos y torsos de unos hombres bastante jóvenes, casi todos por debajo de los cuarenta años. Iban en mangas de camisa. Se movían muchísimo, agitada y sudorosamente en aquella hora temprana, y no dejaban de gritar. Sus gritos eran la causa del estruendo. Un estruendo producto de las voces de cultos jóvenes blancos, dedicados a comprar y a vender dinero a ladridos en el mercado de bonos (...) Todos aquellos jóvenes ocupaban mesas metálicas de color gris claro, y tenían ante sus ojos terminales de ordenador de un tono carne de ternera y con pantalla negra. En las pantallas iban saliendo filas y más filas de cifras y letras verde diodo (...) Le envolvían los gritos, los improperios, las muecas y ademanes, todo el jodido jaleo del miedo y la codicia (...) Había que ver de qué modo estos hijos de las grandes universidades (...) acudían ahora en rebaño a Wall Street y a las salas de compraventas de bonos. ¡Cómo circulaban las historias de sus triunfos en todas las universidades! (...) A los treinta años se alcanzaba el medio millón anual, y ésa era una cifra tope sólo para los mediocres. Si a los cuarenta años no habías llegado al millón, eras un tímido o un incompetente. *¡Ahora o nunca!* Un lema que llameaba en todos los corazones, como la miocarditis. Los chicos de Wall Street, simples jovencillos de firmes mandíbulas y arterias limpias, chicos capaces todavía de sonrojarse, habían empezado a comprarse apartamentos de tres millones en Park Avenue (¿para qué esperar?)".

45 Pocos artículos tuvieron tanta celebridad durante las crisis del sudeste asiático como el que Paul Krugman publicó el 7 de septiembre de 1998 en la revista *Fortune*, sugiriendo que Malasia impusiera controles a la salida de capitales para evitar el contagio de la crisis que ya había comenzado en la región. Cuando, un año y medio más tarde, relató el episodio, Krugman explicó que, por la magnitud de la crisis, había llegado a la conclusión de que era necesario evitar la fuga de capitales. "Y me encontré a mí mismo defendiendo restricciones temporarias en la capacidad de los inversores de retirar dinero fuera de las economías en crisis –un toque de queda, si se quiere, a la fuga de capitales– como parte de una estrategia de recuperación. Resultó que en el momento en que hice público estos puntos de vista, Mahathir y sus asesores habían estado secretamente trabajando en un plan para imponer controles de capitales como parte de una estrategia de recuperación. Por lo que me han contado, mi pronunciamiento público jugó algún rol en la decisión final; algunos de los asesores de Mahathir estaban preocupados por la ausencia absoluta de apoyo por parte de los economistas reconocidos, pero la aparición de mi manifiesto en el ejemplar de *Fortune* del mes de agosto hizo callar a los escépticos... la gente empezó a hablar de la estrategia 'Krugman.Mahathir'... Cuando se impusieron los controles muchos analistas occidentales predijeron un desastre. Eso no ocurrió". Las conclusiones de Krugman son, como señala Loser, moderadas. "La verdad es que mientras la recuperación de Malasia ha probado la equivocación de quienes se oponen histéricamente al control de capitales, no ha probado, en cambio, que tengan razón quienes la proponen".

46 Stiglitz argumenta que la resistencia de algunos países a liberalizar el mercado de capitales los protegió de la debacle. Muy sintéticamente, sostiene que hay dos modelos extremos de transición del socialismo al capitalismo. China, que resistió las recomendaciones del FMI, hizo un tránsito de manera armónica. Rusia aceptó los consejos y cayó en el caos. De los países que enfrentaron las crisis del sudeste asiático, Indonesia –que aceptó las sugerencias– terminó con cientos de muertos mientras que Malasia resistió en orden. Los críticos a estas posiciones postulan que las características más abiertas de los sistemas ruso e indonesio los hicieron más vulnerables, mientras que China y Malasia fueron "favorecidas" no por su resistencia a los organismos multilaterales sino por sus regímenes dictatoriales.

47 El artículo de la revista *The Economist* fue publicado en marzo de 2003 y tiene un espíritu autocrítico difícil de encontrar en sectores conservadores de la Argentina. Dice, por ejemplo: "El comercio libre, argumentamos siempre, genera prosperidad, fortalece la paz entre las naciones y es una parte indispensable de la libertad individual. Parece natural suponer que aquello que sirve para el comercio de bienes también es aplicable para el comercio de capital, en cuyo caso el control de capitales nos ofendería tan violentamente como, por dar un ejemplo, las cuotas en la importación de bananas. Los temas tienen mucho en común, pero no son lo mismo. Por más desarreglado que parezca, los economistas liberales deberíamos reconocer que los controles de capitales –restringidos, en ciertos casos y sólo de determinada manera– tienen un rol. ¿Por qué el comercio de capital es diferente del comercio de bienes? Por dos razones fundamentales. Primero, los mercados internacionales de capitales son propensos al error, mientras que los de bienes no lo son. Segundo, el castigo por grandes errores financieros puede ser draconiano y hiere a gente inocente, sean prestamistas o deudores". El artículo destaca cómo el control de capitales protegió a la economía chilena pero subraya un hecho preocupante y revelador: "Al negociar nuevos acuerdos de libre comercio con Chile (y con Singapur), los Estados Unidos han exigido la completa liberalización del mercado de capitales. Experiencias amargas sugieren que esas demandas constituyen un error. Ha llegado el momento de revisar la ortodoxia económica en esta área".

48 En su libro *The Chastening*, Paul Blustein dedica un capítulo entero a narrar los cambios de posición del FMI respecto de la libre circulación de capitales. Blustein cuenta que a mediados de los noventa dos miembros del Consejo de Asesores Económicos de Bill Clinton –Joseph Stiglitz y Alan Blinder– señalaron la inconveniencia de forzar a todos los países a liberalizar sus mercados de capitales. El Tesoro, conducido por Summers y Rubin, la impulsaba y, como suele suceder en esas discusiones, triunfó. Según Stiglitz, dice Blustein, el Tesoro actuaba como la mano de Wall Street. Stiglitz y

Blinder exhibían el caso chileno como un ejemplo de los beneficios del control de capitales. Summers sostenía que esos controles "impedían la competencia". En la reunión anual del FMI y el Banco Mundial de 1997, la diferencia se zanjó a favor de los liberalizadores. El FMI incluyó un nuevo párrafo en su carta orgánica: "Es el momento de agregar un nuevo capítulo al acuerdo de Bretton Wood. Los movimientos de capital privado se han transformado en mucho más importantes para el sistema monetario internacional, y un sistema cada vez más abierto y liberal ha probado ser altamente beneficioso para la economía mundial. Al facilitar el movimiento de ahorros hacia su utilización más productiva, los movimientos de capital aumentan la inversión, el crecimiento y la prosperidad". Camdessus dijo en esa reunión: "La libertad tiene sus riesgos. Pero ¿son mayores que aquellos que se originan en complejas reglas administrativas y caprichosos cambios de diseño? La libertad tiene sus riesgos. Pero ¿hay acaso un campo más fértil para el desarrollo y la prosperidad? ¡La libertad tiene sus riesgos! Permitámonos caminar hacia una ordenada liberalización de los movimientos de capitales".

CAPÍTULO 8

Cavallo

*Donde Al Pacino maneja una Ferrari y se relata,
minuto a minuto, la alucinante relación entre
un superministro argentino y un gerente alemán*

22 de mayo de 2004

Supongo que durante el año 2001, la Argentina se transformó en un tema central para el FMI. ¿Fue así? ¿Podría contarme cómo lo vivió?

¿Usted vio la película *Perfume de mujer*?

¿La de Gassman o la de Pacino?

La de Pacino.

Sí, la vi.

Hay una escena que refleja muy bien mis sensaciones de esos meses. ¿Se acuerda de que, en un momento, el personaje de Pacino, que era completamente ciego, se sube a una Ferrari Testarossa y aprieta el acelerador a 200 millas por hora? ¿Se acuerda del actor joven –Chris O'Donnell, un chico que vive en la zona de Washington–que iba a su lado, muerto de miedo? Bueno, yo me sentía como él.

Estoy un poco lento. No entiendo la analogía.

La Argentina iba a doscientas millas por hora y el volante estaba en manos de un ciego. Para colmo, nosotros estábamos sentados al lado del ciego y no podíamos, o sentíamos que no podíamos, tirarnos del auto. Rezábamos para que no se estrellara, cada vez con menos convicción. Si hasta el 2000 teníamos margen para actuar, en el 2001 perdimos el control de todo. A diferencia de Pacino, la Argentina se estrelló. Y, de alguna manera, nosotros con ella.

¿Le puedo preguntar quién era el ciego?

22 de mayo de 2004

Depende. Por momentos, nadie controlaba el volante. Por momentos, eran demasiadas personas, que le daban al auto órdenes contradictorias, y por momentos era Domingo Cavallo, que fue casi una pesadilla para el Fondo en el 2001.

Ya le voy a preguntar sobre él. Antes: ¿cómo tomaron la salida de José Luis Machinea del Ministerio de Economía? ¿Era más fuerte la sensación de pérdida o la alegría por la designación de López Murphy?

El FMI no quería que se fuera Machinea, con quien, como le he dicho antes, habíamos trabajado en un marco de inédita cordialidad y seriedad. Además, un cambio de ministro –si éste estaba, como lo creíamos, trabajando bien– es un salto al vacío, sobre todo en medio de una crisis de las proporciones que empezaban a manifestarse en la Argentina. Percibimos que Fernando de la Rúa estaba abriendo la caja de Pandora. Había mucha ansiedad en la Argentina en esos días. Algunos sectores del Gobierno quisieron dar una señal de confianza, porque Machinea les parecía más débil. Los partidos pedían un cambio de política. De la Rúa hizo, a mi entender, lo que un líder no debe hacer: ceder a esas presiones sin una estrategia definida.[49]

Pero López Murphy es un hombre de ustedes.

Es una afirmación, con todo respeto, bastante mediocre. Es un hombre con ideas sólidas y hace lo que quiere en su vida personal y profesional. La esclavitud ya se abolió. No es "nuestro". Y, en última instancia, ¿Qué quiere decir que sea "nuestro"?

23 de mayo de 2004

Me retracto. López Murphy es un hombre cercano al FMI.

López Murphy era y es amigo de muchos de nosotros. Sí, es muy respetado técnicamente. Naturalmente que su designación hubiera sido una buena señal en otras condiciones. Pero teníamos enormes dudas sobre el respaldo político que él podría tener. Nos parecía que De la Rúa lo había puesto sin demasiadas convicciones, y que debía vencer una enorme resistencia política. Así fue, lamentablemente. El incidente de López Murphy fue un claro indicio (pero no bien leído entonces) de la debilidad del Gobierno y la desesperación para encontrar una solución que tranquilizara al mercado y a los inversores, sin ofender a la Alianza. Todo falló, por cierto.

Pero volviendo a su pregunta: el FMI habla con mucha gente. Con López Murphy, menos que con otros señores inteligentes y buenos analistas.

¿Con quiénes?

Yo le respondería si no percibiera la carga que tiene su pregunta. ¿Qué quiere? ¿Una lista de "vendepatrias" para empapelar la ciudad de Buenos Aires?

No. Quiero confirmar o desmentir mi prejuicio. La idea general es que ustedes sólo consultan a técnicos liberales. Es decir, que mucho López Murphy, Artana, Ávila, Carlos Rodríguez, Melconián, Broda, Espert y muy poco Sourrouille, Lavagna, Frenkel, Heynman o Lozano. ¿Me equivoco?

24 de mayo de 2004

No. Tiene razón. Se habla más con los primeros. Hubo contactos con otros, pero menos sistemáticos. En esos tiempos, quienes participaban de esas reuniones eran Thomas Reichmann, y mi segunda, Teresa Terminassian.

¿No es eso una evidencia de dogmatismo? Creo que nuestros diálogos anteriores reflejan que la economía es una ciencia demasiado compleja para escuchar solamente a los defensores de una sola teoría. ¿No refleja esa conducta, como mínimo, falta de espíritu crítico, tendencia

al gueto, al microclima? Basta repasar los pronósticos de la mayoría de esos economistas o los resultados de sus gestiones, para darse cuenta del riesgo de tenerlos como interlocutores privilegiados.

Es posible. Me parece que se deben escuchar muchas voces. De hecho, se lo hace. Pero, en general, los economistas no ortodoxos, en la Argentina, presentan propuestas que técnicamente son muy débiles. No en todos lados es así. En Chile, por ejemplo, es diferente. Le concedo que en la Argentina hay ideología por todos lados. También los ortodoxos por momentos parecen enceguecidos por cuestiones políticas, ideológicas y hasta personales. Pero, aunque a usted le irrite, son más sólidos en el manejo de los instrumentos financieros, que es el área donde trabaja el Fondo. Creo que mis colegas del FMI saben distinguir cuándo un economista local mezcla ideología y análisis.[50]

Volvamos a la Ferrari Testarossa. Usted mencionó a Cavallo. En la Argentina se lo recibió como a un Mesías. ¿Ustedes también lo hicieron?

25 de mayo de 2004

Nosotros lo recibimos con dudas. Yo estaba en Chile cuando apareció la noticia. No sé si recuerda que De la Rúa había estado en un seminario del Banco Interamericano de Desarrollo, junto a Ricardo López Murphy, y había manifestado su respaldo incondicional al nuevo ministro. Volvió e inmediatamente lo dejó caer. A mí, en ese momento, me preguntaron qué opinaba sobre la llegada de Cavallo. Yo dije algo así como: "El doctor Cavallo es un hombre muy inteligente y capaz, y un buen amigo. Pero la última vez que se hicieron milagros fue hace dos mil años". Cuando asumió Cavallo, nosotros no compartíamos la expectativa que, claramente, tenía un segmento del "establishment" argentino. Las condiciones eran diferentes, y Cavallo era ya más político que economista. La solución a la crisis no dependía, naturalmente, de una sola persona. Lamentablemente, Cavallo no pensaba de la misma manera.

El periodista argentino Joaquín Morales Solá describió así al Cavallo que asumió en marzo de 2001: "...por esos días, Cavallo hablaba de la 'leyenda Cavallo' como si se tratara de un fenómeno ajeno. La soberbia de otras épocas había engordado su ego hasta dimensiones imposibles de medir. El mundo exterior, que lo arropaba y lo halagaba con mensajes de presidentes, ministros y reyes, lo alejó de las cavilaciones comunes y lo arrinconó entre las certidumbres de los dioses".[51] ¿Comparte el perfil psicológico?

Es difícil no coincidir *ex post*, como era también difícil verlo en su momento. Su llegada cambió claramente el clima en la relación entre el Gobierno y el Fondo. Cavallo ya no consultaba, como lo hacía Machinea, difícilmente escuchaba sugerencias y, a veces, ni siquiera avisaba de sus medidas: nos enterábamos a través de los diarios. Eso no hubiera sido criticable si, al mismo tiempo, no nos hubiera estado pidiendo una enorme cantidad de dinero. Le quitó mucho espacio de negociación. Los planes de competitividad, el cambio en la fórmula de convertibilidad, el corralito, entre otras varias medidas, fueron virtualmente unilaterales.

26 de mayo de 2004

Se lo pregunto más directamente. ¿Usted cree que Cavallo estaba loco? Muchos ex integrantes de su equipo cuentan anécdotas que parecen indicar eso: una persona desequilibrada al mando de un país. Dicen que no se lo decían, porque –pese a todo– era Cavallo, un mito, nada menos, y eso los obligaba a pensar si los equivocados no eran ellos.

Es verdad que el equipo de Domingo Cavallo le tenía miedo. Y es verdad que él estaba desequilibrado.[52] Gritaba todo el tiempo. Subestimaba a todo el mundo. Pero, antes de seguir, quiero insistir en algo. A mí no me parece que los gobernantes surjan de la nada. En todo caso, si el salvador tenía las características de Domingo Cavallo eso es un buen reflejo de las cualidades, o de la falta de cualidades, de una clase dirigente, de una sociedad.[53] A mí me impresionaba la increíble confianza que Cavallo tenía en sí mismo –era voluntarista, casi ingenuo–, pero sobre todo la confianza que la sociedad argentina depositaba en él. He visto gente muy inteligente, formada, de clase media, de izquierda o de derecha, ilusionados todos –hasta el límite del delirio– con su regreso. Y los he visto, meses después, hablar de Cavallo como si fuera lucifer. En el Fondo no compartíamos la euforia argentina por la designación de Cavallo. Ni Mandrake, solo, hubiera sido suficiente. Su relación con nosotros era la de una persona, realmente, enojada. A la primera discusión, nos perdía la paciencia, sostenía que no entendíamos nada, que éramos meros auditores, que no teníamos por qué cuestionarlo. Personalmente, yo no tuve con el ningún encuentro a gritos (sin modestia, probablemente me sirvieron mis dotes diplomáticas, que muchos me reconocen y me han servido desde niño, de acuerdo con mi madre). Pero él pensaba que debía tratar directamente con Horst Köhler y no con nosotros. Con el tiempo se fue calmando y perdiendo el tono soberbio. La realidad, a veces, es más testaruda que el más testarudo de los ministros. Pero la relación con Fischer y conmigo era buena. Köhler y Krueger, en cambio, no le tenían paciencia. Lo he visto a Köhler enrojecer de bronca ante el tono de Cavallo. Lo he escuchado murmurar algo así como "no soporto a este tipo". Yo he tratado con muchos gritones (un caso es Llach durante el primer período de Cavallo, que me trató muy duramente, aunque somos desde entonces buenos amigos). Hay otros que gritan. Mi ventaja es que, salvo en mi casa y con colaboradores cercanos, siempre trató de mantener la calma. Los gritos no son una costumbre sólo argentina, y he tenido reuniones difíciles con brasileños, ecuatorianos, chilenos, dominicanos y mexicanos. Es una gran experiencia personal. Hay que desarrollar una coraza, porque se nos insulta y nosotros no podemos responder igual, por lo menos en los últimos veinte años. Antes, en el FMI, se podía responder según los impulsos.

27 de mayo de 2004

Antes de preguntarle sobre las medidas concretas de Cavallo, quisiera detenerme en un tema que me resulta importante. Estamos hablando de personas, de líderes, de dirigentes. ¿Cuánto influye el componente personal en el desenlace de una crisis? ¿Hubiera sido muy distinto el 2001 con Machinea en lugar Cavallo? ¿Y con Menem

en lugar de De la Rúa? Yo tiendo a pensar que hay fenó-
menos estructurales que transforman en casi insignificantes
a las personas. Pero me gustaría saber cómo los ve usted.

No creo en la visión milagrosa individualista, según
la cual una persona arregla todo, ni en la visión marxis-
ta de que los procesos ocurren independientemente de
los individuos. Creo que existen los líderes, que pueden
manejar mejor ciertos procesos. Pero eso no significa
que puedan transformar el oro en piedra o viceversa.
Fernando Henrique Cardozo ejerció un liderazgo increíblemente positivo en el manejo de la crisis brasileña.
Nos consultaba, discutíamos, pero tomaba decisiones
independientes y racionales. No se evitó la crisis, ni la
devaluación. Pero la transición fue más serena y la gente sufrió menos. El ejemplo contrario, de cómo empeo-
rar las cosas, es Hugo Chávez. Se me ocurre que con José Luis Machinea hubiera habido más serenidad para
analizar las cosas y menos barquinazos, cambios de
rumbo, desesperación.

28 de mayo de 2004

¿Qué pasaba del otro lado? A esta altura del proce-
so, el número uno del FMI era Horst Köhler y no Michel
Camdessus. ¿Hay manera de describir cómo cambió el
enfoque hacia la Argentina desde Camdessus hasta
Köhler? En un reciente libro sobre la historia de la deu-
da (La herencia maldita. Una historia de la deuda y su
impacto sobre la economía argentina. 1976-2003), Mar-
tín Kanenquiser cuenta que, en diciembre de 2000, Köhler
tuvo el primer encontronazo con una delegación argen-
tina. Estaba furioso porque se enteró de que se habían

reunido antes con Stanley Fischer. "Ahora mando yo", les gritó. ¿Era una persona insegura, deseosa de demostrar su autoridad? ¿Cree que habría cambiado algo en el 2001 de haber estado Fischer y Camdessus en lugar de Köhler?

29 de mayo de 2004

Había diferencias importantes en la personalidad de Camdessus y de Köhler, que explican ciertos cambios de enfoque. Camdessus era un hombre acostumbrado al estilo latinoamericano, muy zorro y seguramente un excelente jugador de ajedrez estratégico. Por eso podía hablar y operar utilizando lo que los ingleses llaman "constructive ambiguity", donde algunas cosas se dicen a medias para avanzar y evitar peleas a cada instante. Por supuesto que, en la sustancia, podía ser muy firme. Ésa es la tradición francesa, a la que aportaba mucho su conocimiento de España desde chico. Köhler es un hombre político, pero mucho menos maquiavélico, y muy directo. Lo que dice es exactamente lo que piensa, y le cuesta mucho entender que otros actúen diferente. Por eso tuvo poca paciencia y muchas dificultades con la Argentina: le resultaba intolerable el mensaje ambiguo de las autoridades. Además, creo que él tenía una convicción casi religiosa de que los países tienen "necesidad de arrepentirse de sus pecados", para salir de sus problemas. Se endeudó demasiado, gastó demasiado, tiene que pagar para aprender. El pragmático Michel Camdessus no aplicaba esos conceptos. Todo esto, más el cambio de administración en los EE.UU., fortaleció esas tendencias. Por cierto que Köhler es muy alemán, de buenas intenciones pero con menos muñeca que Camdessus (menos mano izquierda, que es la que maneja el caballo, de acuerdo con los mexicanos).

Köhler se enojaba mucho y a veces gritaba al staff, porque creía que no lo entendían (posiblemente era una forma de inseguridad). Nunca lo escuché gritar que él era el jefe. Pero no me hubiera sorprendido porque fui testigo de otros estallidos similares. La relación de Fischer con Köhler era algo tirante, por formas diferentes de ser, pero correcta. Me parece que Camdessus hubiera hecho un mayor esfuerzo por convencer a Cavallo de que sus medidas eran desastrosas. Pero no sé si la historia hubiera terminado diferente. Creo, firmemente, que la dupla Camdessus-Fischer hubiera apoyado antes a Duhalde. Pero es otro tema.

De cualquier modo, había demasiada intransigencia, vedettismo y cuestiones personales en todo el proceso de 2001.

¿Cuánto cambian los individuos de acuerdo con el período que les toca? ¿Cavallo era un genio y después fue un loco? ¿O el ciclo ascendente de los noventa generó una percepción sobre él y la crisis de 2001 otra? ¿Menem hubiera sido tan hábil en el 2001? ¿De la Rúa hubiera sido tan inepto en el 2004?

30 de mayo de 2004

A mi juicio hay tres períodos de Cavallo. El primero es como presidente del Banco Central en 1982, donde liquida la deuda bancaria a costa de los ahorristas y destruye la confianza en el sistema bancario, y así lleva a generar inflación muy alta, para que los empresarios endeudados en pesos se salven. Ese Cavallo es muy similar al del período del 2001, pero muchos se olvidan del Cavallo original y sólo piensan en el de la convertibilidad, que tuvo un apoyo importante de Menem y un mundo distinto, que ayudó a que sus propuestas funcionaran. El tercer período es más parecido a los ochenta y provocó distorsiones y problemas que sorprendieron a muchos, pero no tanto a quienes observaron toda la evolución de Cavallo. En cuanto a Menem y De la Rúa, creo que probablemente Menem hubiese manejado mejor el 2001, pero no estoy muy seguro, y creo que De la Rúa, en el 2004, con una economía en ascenso, en un mundo a favor, no hubiese tenido los problemas que tuvo: hubiese pasado a la historia bien. Sin embargo, creo que los líderes se notan en las crisis y Menem –con todo lo que no me gusta– mostró su capacidad en 1989, con su pragmatismo, y en 1995 donde, junto a Cavallo, salvaron la convertibilidad.

Apenas asumió, Cavallo sostuvo que negociaría directamente con los Estados Unidos e ignoraría al Fondo. ¿Intentó hacer eso?

31 de mayo de 2004

Siempre la relación es triangular. Los Estados Unidos presionan a los países a través del Fondo y el Fondo es presionado por los Estados Unidos –y otros miembros del G-7– por pedido de los países. Pero más allá de la difusión pública de esa idea, no hubo nada fuera de lo común. Cavallo intentó rápidamente recuperar su posición a nivel internacional. Pero todo el mundo lo miraba con preocupación. No tenía especial llegada al Departamento del Tesoro. Era una personalidad importante. Pero la Argentina no era tan prioritaria ni en ese momento, ni siquiera cuando estalló la crisis. Además, entre la debilidad del gobierno de la Alianza, su aislamiento a nivel parlamentario y la poca coherencia de las medidas que anunciaba, más la resistencia del Fondo, su situación era muy delicada. Para colmo de males, a él le resultaba difícil percibir el cambio de contexto. El FMI tenía muy poca esperanza de éxito aunque se trabajó de cerca, especialmente porque tenía un grupo de gente –Mondino, Baldrich, Sturzeneger– que eran muy capaces y dedicadísimos.

1º de junio de 2004

La primera medida trascendente de Cavallo fue la incorporación del euro a la fórmula de la convertibilidad.[54] Era un tácito reconocimiento al agotamiento del modelo con tipo de cambio fijo, hecho nada menos que por su creador. ¿Cómo lo recibieron ustedes?

Me parece que esto reflejaba que había ya problemas y que no se querían enfrentar en forma abierta por Cavallo. Había muchas salidas que se sugerían y creo que la del gobierno no era la mejor. Era una crisis cada vez más delicada, con el agravante de una situación internacional de recesión, que era donde el sistema argentino tenía más vulnerabilidad.

¿Puede ser más preciso? ¿Cuáles eran las propuestas alternativas que ustedes sugerían? ¿Cómo cambió su percepción de lo que era mejor o peor a medida que fue pasando el tiempo?

2 de junio de 2004

El paquete de monedas combinaba lo peor de cada alternativa. Emitía señales de la necesidad de una devaluación en el corto o mediano plazo, con lo cual disparaba la fuga de capitales y le especulación contra el peso, pero al mismo tiempo no devaluaba, con lo cual mantenía los problemas de competitividad del país. Era como decir: "En algún momento vamos a devaluar". Imagínese. A la distancia le puedo decir que el desastre no fue peor justamente porque había cierta confianza en que Cavallo defendería a muerte su creación. Era una combinación de devaluación oculta, con mecanismos que incluían impuestos a las importaciones y subsidios a las exportaciones, para poder replicar la valoración que el gobierno quería alcanzar. Con eso se dio la señal de que venía la devaluación, pero no se aplicaba a los movimientos de capital, que empezaron a salir aunque, hasta ese momento, lentamente. Es una técnica que, desde un punto de vista puramente técnico, se probó muchas veces en muchos lados y normalmente termina mal, porque indica que ya se devaluará. Quizá la pregunta a contestar es por qué no lo paramos entonces. La respuesta es que esto era parte de la pujas entre el FMI y Cavallo respecto del tipo de cambio. Yo pensaba entonces (algo no compartido por todo el FMI) que había dos alternativas: dejar flotar el dólar, con los altos costos de la medida, o volver a la paridad limpia. Cavallo decía que, con su sistema, se llegaría a eso cuando la valoración de la canasta de monedas fuera igual a la del mercado. Era teóricamente cierto, pero de alto riesgo. De nuevo, le dimos el beneficio de la duda. Si pudiera volver atrás, no se lo daría, recomendaría claramente la ruptura, porque el costo social y económico, al final, fue mucho peor.

¿Hubo un momento, no sé cuál, usted dirá, en el que ustedes se deben haber dado cuenta de que todo andaba mal en la Argentina? Andaba mal De la Rúa –fue muy evidente con el cambio de ministros–, andaba mal el régimen de convertibilidad, andaba mal Cavallo, no les atendían los teléfonos a ustedes. ¿Cómo eran las reuniones en el Fondo? ¿Quién decía: "Dios mío, qué hacemos con estos tipos, están todos locos"? ¿Cuál fue el proceso de toma de decisiones que derivó en otorgar una vez más el beneficio de la duda? ¿Cómo era el juego de presiones? ¿Jugaba algún rol la relación entre Cavallo y los Estados Unidos que, según se percibe desde aquí, siempre fue sumamente estrecha? ¿Hasta qué punto, como los casos que vimos antes, las cuestiones políticas se priorizaban sobre las cuestiones técnicas y, a estas alturas, de mero sentido común?

3 de junio de 2004

La situación de la Argentina, evidentemente, fue deteriorándose. Todos lo percibíamos. La relación de Cavallo con los Estados Unidos no era tan estrecha en su segundo mandato. Aunque se lo escuchaba y era respetado intelectualmente, no creo que haya tenido entrada en el Tesoro o en la Reserva Federal. Las cuestiones políticas dejan de jugar un rol cuando los problemas son grandes, salvo en casos estratégicamente importantes, como Turquía o Rusia. En nuestras reuniones se discutía mucho si era posible evitar o no los costos de la devaluación y, en todo caso, cómo hacer la transición. Pero, repito, a esa altura no manejábamos el auto. En general, los economistas profesionalmente "puros" (desde el Departamento de Investigaciones o del Departamento de Análisis de Políticas) sostenían la necesidad de abandonar el tipo de cambio fijo, mientras que a los más cercanos al campo de batalla –los que estábamos en el Departamento del Hemisferio Occidental– nos preocupaban las consecuencias sociales, políticas y económicas de la devaluación, que igual no se pudieron evitar. Era una discusión permanente. A todos nos alarmaba el voluntarismo de Cavallo y, mucho más, las preocupaciones sobre él que nos transmitían sus colaboradores más inmediatos, cuyos nombres no voy a revelar. En agosto de 2001 los tiempos comenzaron a acelerarse y fuimos claros con el gobierno al enviar los últimos ocho mil millones: si bajaban más las reservas, dijimos, tendría que estar todo sujeto a discusión, incluso el tipo de cambio. Hasta allí, la pérdida de reservas no había sido tan grande. Las presiones externas al staff eran menos importantes que las discusiones internas. A mi juicio, los países del G-7 ya no sabían qué hacer.

¿Me puede dar una explicación lógica sobre las razones por las que se perdió tiempo durante todo el 2001? Cuando el paquete de ayuda al Brasil fracasó a fines de 1998, el paso siguiente fue la devaluación en situación controlada y con ayuda financiera. En Turquía ocurrió lo mismo dos años después. ¿Por qué no sucedió en la Argentina? Esa demora profundizó la recesión y transformó una situación delicada en una tragedia.

Yo podría decirle que Cavallo tuvo la culpa de todo, pero no sería honesto. En todo caso, hubo incapacidad de todos los actores en encontrar una salida racional sobre la cual, además, teníamos dudas técnicas. Él era el ministro y siempre sacaba algún as de la manga. La verdad es que los argentinos no querían devaluar y que, en una situación así, sólo es posible hacerlo si hay acuerdo político, un liderazgo muy fuerte o cuando la realidad lo transforma en un hecho consumado. Nada de eso había ocurrido aún en el 2001. Yo me arrepiento de algo: debíamos haberle quitado antes el financiamiento de la Argentina. Eso hubiera ahorrado costos. Pero le teníamos demasiado miedo al colapso. La verdad, sin hablar de culpas, es que el cuerpo político argentino pensaba que el FMI siempre le iba a dar una nueva oportunidad, no importara lo que hicieran. Por eso todos jugaban a patear el problema hacia delante. La conducta del Fondo ratificaba esa percepción. Y, por último, la comunidad internacional trataba de evitar la caída en el abismo: al igual que los argentinos, querían que el FMI pusiera todo el dinero. Era un grave error.

¿Realmente cree que el Fondo en ese momento no tenía ninguna arma para frenar a Cavallo?

4 de junio de 2004

Él actuaba de sorpresa. Además, el FMI estaba siendo criticado en ese momento por no respetar las acciones soberanas. Era difícil negociar. Nos peleábamos todo el tiempo. No nos dejaba otra alternativa que la de decidir si seguíamos o no financiando al país.

¿Qué significaba "siempre sacaba algo de la manga? ¿Cuál de los pases mágicos los sedujo a ustedes? ¿Tuvieron

confianza en el anuncio del déficit cero, aun cuando se trataba otra vez de un ajuste en plena recesión?

Pases mágicos hubo para todos los gustos. La canasta de monedas, los incentivos fiscales a la producción, el megacanje, la coparticipación revisada. Naturalmente, nosotros nos sentíamos más cómodos con el enfoque del déficit cero y trabajamos en ese sentido con el equipo económico argentino.

El equipo de Fernando de la Rúa, ¿mantenía algún diálogo paralelo con ustedes? ¿Desautorizaban a Cavallo? ¿Trataban de explicarlo?

5 de junio de 2004

Hablábamos con todos: con gente de todos los partidos en el Congreso y con distintos miembros del gabinete. No era notorio que hubiera grandes diferencias políticas y, en última instancia, nadie imaginaba seriamente un escenario post Cavallo. Era como si fuera la última carta. A Cavallo le irritaba mucho que nuestro enviado en la Argentina, Thomas Reichmann, conversara con otros sectores del Gobierno acerca de las medidas que nos parecían incorrectas, como las leyes de promoción o la coparticipación o el gran tema tabú, la devaluación. Argumentaba que era el único representante del Gobierno ante el FMI.

Cuando uno revisa los archivos de aquellos días, se encuentra con una impresionante resistencia a la devaluación por parte de los liberales argentinos. Le reproduzco un fragmento textual de Roberto Alemann, uno de sus "popes", escrito el 1º de abril de 2001, apenas asumió Cavallo: "Quien diez años atrás hubiera creído que la ley de convertibilidad recién sancionada duraría una década sin devaluación, seguramente habría sido calificado de iluso. Sin embargo, así ocurrió. La convertibilidad resistió todos los ataques especulativos y la permanente crítica de los economistas internacionales sobre su presunta inviabilidad. Está para quedarse por muchos años más, como lo acaba de ratificar su autor, el entonces y ahora ministro de Economía, doctor Domingo Cavallo".[55] *Hay textos similares de Broda y muchos más. ¿Qué le sugiere? ¿Respondían a intereses? ¿Eran, simplemente, brutos? ¿O el único que alguna vez respondió a intereses fue Cavallo en 1982 y todo el resto hace análisis técnicos ingenuos?*

Yo también, en ese momento, pensaba que era mejor no moverse de donde estábamos. El uno a uno era como tener al Banco Central de los Estados Unidos protegiendo el sistema financiero, y los ahorros de la gente. La alternativa era el caos. No se respetó la consistencia entre la convertibilidad y la situación fiscal y así terminó todo. El 2001 fue la historia de la búsqueda de soluciones milagrosas, en lugar de las realistas que proponía, por ejemplo, López Murphy. La devaluación, convengamos, no fue una panacea. Desde la depresión de los años treinta que la Argentina no tenía la estabilidad de los años noventa. ¿No era lógico defenderla como se pudiera? Desde aquí, podemos ser vistos como brutos. Pero no era así.

Epa. De repente se volvió a poner las anteojeras.

No. Respondo a las mismas preguntas con las mismas respuestas.

Creí que ya habíamos convenido que insistir con un ajuste a una economía en recesión no ayuda en nada. La Ley de Déficit Cero[56] anunciada en junio fue aun más dura que el ajuste propuesto por López Murphy. Cavallo la aplicó con todo el apoyo: tenía superpoderes, el Congreso le votaba lo que quisiera. No funcionó porque, obviamente, a cada ajuste, se reducía la actividad, los ingresos del Estado y vuelta a empezar. Está claro, luego de su última respuesta, que la dirigencia argentina no fue la única que aportó a la crisis. Tampoco ustedes sugerían una salida racional.

6 de junio de 2004

Yo nunca negué eso. Todos teníamos miedo. Las opciones elegidas no fueron las mejores. Y, según quién cuente el proceso, habrá más responsabilidad de la conducción argentina o del Fondo. No hay forma de cuantificar eso. Lo único que le agrego es que, desde la asunción de Cavallo, se cortó el diálogo desde la Argentina y eso hizo mucho más difícil la posibilidad de encontrar una salida conjunta, razonada. Es verdad que la Ley de Déficit Cero fue otro intento de ajustar. Pero estaba rodeado por políticas incoherentes: la canasta de bienes, el debilitamiento del Banco Central, la política monetaria excesivamente expansionista, el megacanje sin convicción, las medidas de productividad. Yo creo que esas medidas eran malas en sí mismas. Pero, en ese contexto, eran señales de que se buscaba ganar tiempo a cualquier costo, o devaluar sin devaluar, y entonces los inversores huían despavoridos. Si quiere se lo digo con todas las letras, todo junto: fuimos demasiado optimistas respecto de los efectos de los ajustes, no encontramos salida alternativa, debimos haber forzado esa salida varios meses antes y quizá los argentinos se hubieran ahorrado algo de dolor. Así y todo, no estoy seguro de qué hubiera pasado.

Notas:

49 La notable intimidad entre los economistas ortodoxos de la Argentina y los técnicos del FMI se vio reflejada en un documento reservado del FMI, donde agradece la colaboración de Miguel Ángel Broda para la confección de la "autocrítica" sobre el papel del Fondo en la Argentina, elaborada por la Independent Evaluation Office y difundida a fines de julio de 2004. Broda es el más célebre consultor del sector financiero argentino, un economista didáctico, colorido, con muchos contactos, pero sin demasiado prestigio académico. Como se vio páginas atrás, fue quien escribió que sentía "orgullo de ser argentino", el día que vio a Menem hablarle a la asamblea del FMI y el Banco Mundial, en octubre de 1998. Ningún economista heterodoxo de la Argentina fue consultado para la elaboración de ese informe.

50 El clima de "palacio" durante aquellos días está reflejado por innumerables crónicas periodísticas. Eduardo Van der Kooy, editorialista de *Clarín*, describió como "tortuoso" el trámite que siguió De la Rúa para el recambio de ministros. "Sustituyó a Machinea por López Murphy y permitió progresar con un ajuste, sobre todo en el sector educativo, en contra de la opinión del mundo. Quiso volver atrás cuando era tarde (...) El sábado a la mañana, mientras el ministro fugaz explicaba las bondades de su plan en el universo de negocios, el Presidente daba instrucciones en Olivos a sus confidentes para modificarlo e intentar apaciguar la agitación social. Lo que para cualquier mortal asomaría como una incongruencia, el círculo íntimo presidencial ha pretendido transformarlo en virtud: *¿No pudo tratarse, acaso, de una premeditación de De la Rúa para quebrar con el fracaso de López Murphy la resistencia radical al llamado de Cavallo?*, interrogan con perversidad. Pareciera una teoría ensayada en probeta y no extraída de la realidad (...) Si todo hubiese sido, efectivamente, diabólico y maquinado, no habría abundado tampoco aquel patético pandemonio la madrugada del lunes en Olivos. Reuniones inconexas a granel, presencias inexplicables, estado deliberativo e incógnitas hasta el final".

51 Morales Solá es uno de los periodistas convencidos de que la crisis argentina se debió casi exclusivamente a los desmanejos de la clase política y no a la imposición de recetas económicas equivocadas. Su relato de la llegada de Cavallo, en el libro *El sueño eterno. Ascenso y caída de la Alianza*, reconstruye el clima social y político que rodeó al regreso del superministro. "Agotadas las experiencias de Machinea y de López Murphy en la conducción de la economía (agotadas más que nada por el pésimo manejo político de la administración), llegó el ministro más anhelado por De la Rúa desde el comienzo de su administración: Domingo Cavallo. El presidente creyó siempre que Cavallo podría confeccionarle para él un escenario como el que tuvo Menem: el último período de crecimiento de la economía y de cierta felicidad colectiva (...) Pero esta vez, Cavallo no traía pan bajo el brazo sino un monumental error. En las vísperas de su ascenso al poder estaba convencido de que la recesión había tocado fondo y que se preparaba para rebotar en una oleada de crecimiento. Suponía que, con cualquier otro ministro, la economía crecería al ritmo del 3 o 4 por ciento anual, pero estaba convencido de que con él ese índice se elevaría hasta el 8 o 10 por ciento".

52 La percepción sobre el supuesto desequilibrio mental de Domingo Cavallo fue mucho más extendida de lo que se cree. Un antecedente de ello ocurrió a principios de mayo del 2000, cuando Cavallo perdió las elecciones para jefe de Gobierno porteño y denunció fraude, en medio de un discurso descabellado, del que luego se retractó. En ese momento, el semanario argentino *Veintitrés* lo retrató en tapa vestido como Napoleón Bonaparte. En su libro *La maldita herencia. Una historia de la deuda y su impacto en la economía argentina*, el periodista Martín Kanenguiser cuenta otras dos anécdotas. En abril, luego de su reasunción como ministro, Cavallo emitió uno de sus histriónicos discursos en una mesa compartida con varios ex ministros de Economía. En un momento, Pou le susurró al oído al propio Loser: "Este hombre está loco". Kanenguiser también cuenta que la noche anterior al anuncio del corralito, Cavallo tuvo una discusión a los gritos con Daniel Marx. Al día siguiente, se produjo la siguiente escena: "Después de hablar en público regresó a su despacho, aunque en el camino se permitió bromear con el secretario de Finanzas (Marx), quien preparaba los detalles de la puesta en marcha del 'corralito' junto con el último subsecretario de Financiamiento de la Alianza, Gustavo Staforini.

–¿Ya se te fue el enojo de ayer? Vos tenés que tomarte las mismas pastillas que tomo yo y vas a estar mucho mejor.

Marx se asustó. Al igual que el jefe de Gabinete, Christian Colombo, el viceministro pensaba que Cavallo presuntamente sufría "un creciente problema de salud mental, que sólo combatía con medicamentos ansiolíticos".

53 El consenso social era sorprendente, teniendo en cuenta la caída en picada del prestigio de todas las instituciones y figuras políticas. El 47,7 por ciento recibió como una buena noticia la designación de Cavallo contra el 24 por ciento que lo resistió. Los porcentajes de aprobación del "superministro" crecían verticalmente en los sectores medios y medios altos, y entre los mayores de 35 años, es decir, los que ya eran adultos durante la implementación de la convertibilidad. A principios del 2001, la clase media tenía una visión muy positiva de lo que había sido la década del noventa, que se revirtió meses después, reflejando el humor habitualmente espasmódico de los sectores urbanos. Cavallo, por otra parte, asumió con los máximos poderes que tuvo un ministro de Economía en la historia democrática argentina. El Congreso cedió sus atribuciones para que pudiera tomar libremente casi todas las medidas que quisiera, con la excepción de los cambios al sistema impositivo. El consenso político sobre su figura –o el miedo ante la ausencia de alternativas– generó un apoyo sorprendente. "Es muy valioso el apoyo del doctor Alfonsín. Pero el más valioso de todos es el apoyo del Presidente de la Rúa. El ex presidente Menem llamó a sus diputados y los alentó a que nos apoyaran. Sin duda, Chacho Álvarez ayudó mucho y los gobernadores también. Duhalde también ayudó. Yo creo que en esta oportunidad se puso de manifiesto que tenemos una buena clase política en la Argentina, que frente a crisis graves como ésta que estamos viviendo, depone actitudes partidistas y se une para encontrar soluciones", declaró Cavallo, el 27 de marzo, a *Clarín*.

54 A principios de abril, Cavallo anunció lo que él denominó "convertibilidad ampliada" y que quedó en la memoria como "canasta de monedas". La idea era que el valor del peso surgiera del promedio entre los valores del euro y el dólar a partir, supuestamente, de que ambas monedas estuvieran equilibradas. Los archivos de la época reflejan la perplejidad de los economistas de todas las tendencias respecto de ese anuncio. Por una vez, ese escepticismo tenía lógica: de haberse aplicado esa medida, y sostenido en el tiempo, hoy el peso valdría más que el dólar, con lo cual se hubieran agravado los problemas competitivos de la Argentina.

55 Alemann fue aun más contundente en esa nota: "En Asia en 1997, Rusia en 1998, Brasil en 1999, Turquía en 2000, hubo crisis cambiarias, generalmente vinculadas a devaluaciones, recesiones, reducciones del poder adquisitivo de los salarios, quiebras bancarias y de empresas. La convertibilidad salió incólume. El peso argentino y el dólar de Hong Kong, también inserto en una caja de conversión, fueron las únicas monedas que desde 1991 no se devaluaron contra el dólar de los Estados Unidos. A prueba de balas en tiempos de contagios entre mercados llamados emergentes". Fue publicada el 1° de abril de 2001, en el suplemento económico del diario *La Nación*, junto con una media docena de artículos referidos a la década del tipo de cambio fijo. La mayoría de ellos acentuaba –firmados por Juan Llach, Roberto Alemann, o publicados sin firmas– la necesidad de ajustar el gasto público, con la única excepción de un artículo de Héctor Valle, que pronosticaba correctamente el fin del sistema que había regido en la Argentina y al cual sólo le quedaba tiempo de descuento.

56 La Ley de Déficit Cero fue el último intento de ajuste que se realizó antes de la debacle final. La idea era no gastar un peso más allá de los ingresos, otorgando prioridad al pago de las obligaciones externas. La ley fue tratada en un momento de mucha convulsión por la disparada del riesgo país, que se acentuaba por cada minuto que se demoraba su aprobación. Por eso, casi no hubo tiempo de discutirla seriamente y el Parlamento argentino la aprobó, quizá como la última ofrenda a los reclamos de los mercados financieros. Sus voceros explicaban a los medios que el descenso de la tasa de riesgo país sería inminente, porque al priorizar los pagos a los acreedores, los bonos se revalorizarían inmediatamente. Los archivos de los meses subsiguientes reflejan que el plan falló, pero no por falta de voluntad de llevar a cabo esas políticas sino porque, como ya había sucedido en ajustes anteriores, cayó aun más la actividad y eso redujo dramáticamente los ingresos por recaudación impositiva.

CAPÍTULO 9

Abismo

*Donde varias personas importantes (se) explican
por qué cayó la Argentina*

7 de junio de 2004

Para recorrer la última etapa previa al estallido, quisiera utilizar como guía lo que escribieron dos protagonistas —más o menos directos— del proceso y uno de los economistas más brillantes y respetados del mundo. Los protagonistas son Michael Mussa, el jefe de economistas del FMI durante ese período, y el mismo Cavallo. El tercero es Paul Krugman. ¿Está usted al tanto de lo que escribieron?

He leído compulsivamente casi todo lo que se escribió sobre la Argentina. Conozco las posiciones de los tres. Y, por diversas razones, no coincido con ninguno.

Empecemos por Mussa.[57] A mí me parece que su libro La Argentina y el FMI *refleja el impresionante grado de tirantez que quedó en el staff del FMI luego de la crisis argentina. Él sostiene que el Fondo aplicó la actitud de los "tres monitos" con la Argentina: "no ver, no escuchar, no hablar". Hay un fragmento muy duro donde dice que, a mediados del 2001, sólo un imbécil podía no ver lo que ocurría con la Argentina, y agrega: "Pero el Fondo no lo vio". Es muy extraño eso para una organización tan vertical.*

No expresa las tensiones del staff: es la actitud absolutamente individual de alguien que pretende deslindar responsabilidades en decisiones en las que estuvo involucrado. Él sostiene que el peor error del FMI se produjo en agosto de 2001, cuando le prestó plata a la Argentina por última vez. Es gracioso. Hasta entonces, él había participado de todas las decisiones hasta que se retiró... ¡en julio de 2001! Tiene memoria selectiva. Uno lo lee y parece que hubiera estado en otro lugar. Pero estaba ahí. Mussa quizás haya sido el economista más brillante que tuvo el FMI en sus niveles altos. Es duro, claro. Y práctico cuando era necesario. Es también una personalidad muy complicada, absolutamente creído de sí mismo y no tiene cariño por nadie, salvo por gente como Stanley Fischer, a quien consideraba un par a nivel intelectual. Coincidí con él en la Universidad de Chicago, cuando ambos éramos alumnos. No éramos amigos y él quizá me consideraba poco estricto en el análisis (algo que no es cierto). Se fue del Fondo porque no se llevaba bien con Köhler. Fue, creo, una separación de mutuo acuerdo. Köhler se enojaba porque Mussa hablaba demasiado libremente. En el enfoque de su libro se expresan varias de esas características. De todos los que tomamos decisiones en esa época creo que Köhler es el único que tenía derecho a expresarse como un recién llegado, porque lo era. Mussa, no. Participaba con nosotros de las evaluaciones, las dudas, la manera de calibrar los riesgos de una u otra opción.

8 de junio de 2004

En La Argentina y el FMI, *él explica que, con el megacanje, la Argentina se endeudó ruinosamente sin ningún beneficio a cambio. ¿Está de acuerdo?*

El megacanje fue un mecanismo para ganar tiempo, con costos neutros para el país.

Le reproduzco lo que dice Mussa, para que suene más contundente su argumento: "Con el canje, el gobierno argentino logró una reducción de sus obligaciones en el servicio de la deuda entre 2001 y 2005 de tan sólo 12 mil millones, a cambio de obligaciones adicionales de cerca de 66 mil millones a partir del 2005". Es decir, que la Argentina volvió a sobreendeudarse sin sentido.

Lo único que logró el megacanje fue extender los plazos durante algunos años, sin cambiar las perspectivas de mediano plazo, porque se negociaba en momentos de crisis. Le dio un respiro al Gobierno pero no funcionó porque era un parche, no formaba parte de un plan integral. En la Argentina había problemas internos y, en última instancia, con el tipo de cambio. En otros lugares, cuando se realizaron reprogramaciones grandes de deuda, no se hacían como un parche sino como parte de un programa más grande o después de no pagar, o después de devaluar. En este caso era un manotazo de ahogado, con un alto grado de componentes mágicos. La Argentina volvió a endeudarse a mediano plazo, es verdad, y a tasas muy altas, a cambio de ganar tiempo. Pero eran las tasas de mercado. Nadie le hubiera concedido a la Argentina esa reprogramación si no se comprometía a pagar ese costo.

Mussa también sostuvo que: "Al buscar y aceptar un canje de deuda en condiciones tan onerosas, el gobierno argentino estaba en efecto declarando que compartía la evaluación del mercado de que el default soberano era virtualmente inevitable. De esta forma, el canje de deuda llevado a cabo en esos términos es interpretado de manera correcta como un acto de desesperación de un deudor que puede prometer casi cualquier cosa en el largo plazo a cambio de un alivio relativamente modesto en el servicio de la deuda de corto plazo". Es decir, era carísimo y no servía para nada.

9 de junio de 2004

Era un riesgo que decidían tomar los acreedores al darle más tiempo a la Argentina. Era un acuerdo de mercado. De hecho, la mayoría de ellos perdieron entre el 70 y el 75 por ciento del valor de los bonos emitidos entonces. Nosotros no podíamos defenderlo ni objetarlo. Era un acuerdo entre deudor y acreedor. Cada uno tomaba sus riesgos. Punto.

Última cita de Mussa, en relación con el trabajo del staff del FMI: "El staff del Fondo realizó un esfuerzo amplio para analizar en profundidad las consecuencias del canje de deuda (...) Lo notable es que en gran parte de ese esfuerzo había una tendencia a interpretar el canje desde el mejor ángulo posible en relación con las autoridades argentinas, en vez de reconocer la sencilla verdad de que el pequeño alivio a corto plazo en el servicio de la deuda había sido garantizado a un costo muy elevado a largo plazo". Es, claramente, una crítica a ustedes.

El FMI fue muy parco en su apoyo. Hicimos estudios sobre la sustentabilidad del canje, con supuestos modestos para el contexto mundial, tasas de crecimiento bajas y presentando los riesgos que existían. Mussa exagera. Se nos pueden criticar los supuestos de crecimiento a mediano plazo que incluimos en esos estudios. Pero fueron realizados con metodología compartida por Mussa. Todos sabíamos que había riesgos y él también. Rara vez lo vi expresarse en contra de las opiniones del resto del staff sobre la Argentina.

10 de junio de 2004

¿Por qué no gritaron que el megacanje no serviría para nada?

Apenas dimos un comunicado escueto de "beneplácito". No teníamos espacio para rechazarlo. Era un acuerdo de mercado. No estábamos involucrados. Le daba tiempo a la Argentina. Hubiéramos acelerado los ritmos de la caída.

Tres bancos ganaron 150 millones de dólares en dos semanas de trabajo. Era una buena razón para dejar correr el negocio.[58]

Era una proporción muy pequeña del total de la deuda canjeada. No era un tema significativo.

¿A usted no le resulta un disparate eso?

No. Es lógico que los bancos cobren con relación a la dimensión del negocio en el que son intermediarios.

En agosto de 2001, el FMI *concede a la Argentina los últimos ocho mil millones. Mussa cuenta en su libro que ese desembolso fue producto de una extorsión de Cavallo: dejó trascender a la prensa la inminencia de la decisión, cuando ésta ni siquiera había sido analizada, y así forzó a Köhler a tomarla, teniendo en cuenta que si no lo hacía sería culpado por la debacle argentina. ¿Fue así?*

Los criterios –la mayoría de los cuales habían sido consensuados con Musa o sugeridos por él– no habían cambiado. Es verdad, sin embargo, que hubo cierta extorsión de Cavallo y de Daniel Marx a través de los diarios. Pero no era nada nuevo. Los argentinos siempre buscaron forzar situaciones a través de la prensa. A mi juicio, era una técnica que sólo generaba irritación, altamente contraproducente. El único motivador para seguir apoyando a la Argentina era la desesperación por no acelerar su caída, si había un mínimo de posibilidades. El argumento es repetitivo, pero es la verdad.

Ya que lo menciona. ¿Puede hacer una descripción de Daniel Marx, quizás el hombre más importante en las sucesivas renegociaciones de la deuda desde los años ochenta?

11 de junio de 2004

Es un hombre amable, correcto y muy conocedor de los temas financieros. Por su profesionalismo, probablemente se lo respetaba mucho más a él que a muchos ministros. Köhler y Krueger le tenían mucha confianza. Él, naturalmente, también tenía limitaciones porque a veces nos presentaba planes financieros que eran totalmente estratosféricos, con demasiados supuestos positivos. Tuvo éxito cuando la Argentina andaba bien y fracasos cuando andaba mal. No se metía con la política interna y eso lo transformó en un sobreviviente. Yo creo que se respetaba con Cavallo pero no eran demasiado cercanos.

Volvamos al préstamo de agosto.[59] *Hay algo que se me escapa. ¿Fue, meramente, un acto de cobardía de Köhler, motivado por el miedo a no quedar estigmatizado como el culpable de la caída argentina? ¿Así de pequeño?*

Fue un acto de prudencia, no de cobardía, en un contexto donde ni los Estados Unidos ni el G-7 querían aparecen como responsables de la crisis. A estas alturas parece un acto de locura no de cobardía: el FMI hubiera recibido las mismas críticas por dejar de apoyar a la Argentina en agosto o en diciembre. Si caía la Argentina, la culpa la tendría el FMI de todas maneras. Pero así era como veíamos las cosas entonces. Había otro tema, no menos significativo. Es natural que la Argentina, para los argentinos, sea el centro del mundo. Pero los argentinos comprenderán que no se ve así desde afuera. Una de las preocupaciones de todos nosotros, a medida que se desencadenaba la crisis, era proteger a los vecinos. Si el Brasil era arrastrado, se corría el riesgo de volver a empezar con la crisis financiera global iniciada en 1997. Era muy difícil calibrar en qué momento dejar de apoyar a la Argentina significaba un desastre también para el Brasil, y para el mundo entero.

Concretamente: endeudaron más a la Argentina para darle más tiempo al Brasil y desenganchar a uno del otro.

No es ésa la formulación correcta. No era una maniobra antiargentina. Apoyamos a los vecinos de la Argentina, como antes –frente a la crisis brasileña– habíamos ayudado a la Argentina.

12 de junio de 2004

¿Cuándo, cómo y con quién comenzaron a hablar sobre la ruptura de la convertibilidad? ¿Qué respuesta recibían? ¿Con qué energía se hacían los planteos? ¿Alguien, en el Gobierno, era permeable, estaba dispuesto a escuchar?

Dentro del FMI, se comenzó, en forma muy confidencial, a analizar la salida de la convertibilidad desde 1999.[60] Se trabajaba en grupos muy pequeños porque si salía a la luz, hubiese surgido inmediatamente una crisis. Era tan delicado el tema que ni se hablaba fuera del FMI, hasta probablemente principios de 2001. Hubo conversaciones tangenciales antes con Machinea y López Murphy, pero con nadie más: considerábamos que el sistema de poder de la Argentina era especialmente débil y chismoso y cualquier filtración iba a ser vista como una "orden" del FMI y desataría una corrida. En el Gobierno no querían hablar del tema. Köhler lo presentaba como un asunto de discusión e incluso se lo mencionó a Cavallo cuando se conocieron en abril de 2001. Yo estaba presente y expliqué, un poco más en detalle, cuáles eran las preocupaciones al respecto. No recuerdo los detalles de su reacción, pero, sintéticamente, diré que casi me mata por el planteo: me dio una larga perorata acerca de nuestra ignorancia. Köhler quedó muy preocupado después de esa reunión.

¿Köhler se inclinaba por la devaluación?

No me consta. Sé que le preocupaba el tipo de cambio. Pero no lo escuché en ningún momento decir que la solución era devaluar.

¿Y Krueger?

Ella sí. Aun antes de asumir. Ella llegó al Fondo en septiembre y piloteó el proceso desde allí. Creo que eso endureció más las posiciones pero, a esta altura, la situación argentina era tan desastrosa que hubiera endurecido hasta al más componedor.

13 de junio de 2004

¿Cómo se llevaba con Cavallo?

No había manera de llevarse bien con Cavallo en esos días.

215

Cavallo[61] ha sostenido en diversos artículos que el G-7 impulsaba una reestructuración ordenada de la deuda, que hubiera evitado el default unilateral, y que, según él, no se dio, por el sistemático boicot de la conducción del Fondo. ¿Es un invento completo o algo de eso existió –por mínimo que sea–?

La conducción del Fondo no se oponía a una reestructuración ordenada, de ninguna manera. En eso coincidía con el G-7. Lo que sucedía era que el FMI, a partir de octubre de 2001 –y de gran manera los miembros del G-7, incluidos los Estados Unidos–, consideraba que no había salida sin modificaciones en el tipo de cambio. No hubo nunca boicot. Quizá Cavallo tuvo la ilusión, más que la percepción, de que él podía seguir y sacar a la Argentina del pozo. Quizá su percepción era la conclusión de algunas conversaciones que habrá tenido con ministros del G-7, de las cuales él seleccionó los fragmentos que más le convenían a sus ilusiones. Pero no puede ignorar, a esta altura, cómo son las cosas: en este mundo las autoridades del G-7 muchas veces tienen menos coraje o valentía para decirles las cosas en la cara a los países en problema. Después le transfieren al Fondo la labor de hacer lo que ellos piensan, y terminan adjudicándole al Fondo la responsabilidad. Aunque nos duela, eso es política en su máxima expresión.

Cavallo argumentó también que no le quedó otra alternativa que imponer el corralito luego de que Anne Krueger "tres días antes" sostuviera que los países en crisis debían evaluar la posibilidad de imponer control de movimientos de capitales. Cavallo sostiene que eso potenció la fuga y no le dejó otra alternativa.

14 de junio de 2004

Es una interpretación parcial e interesada. Krueger propuso un mecanismo para reestructurar la deuda de países en problemas, similar al que se utiliza en el caso de empresas que entran en convocatoria de acreedores: que se establezca la intervención de un tribunal internacional como medio para llegar a un acuerdo. La propuesta surgió varios meses antes del corralito y, es verdad, algunos interpretaron que era la antesala para la imposición del control de capitales en la Argentina. Pero la influencia que pudo haber tenido esa propuesta –que era general y no específica para un país– es nula al lado de las medidas espasmódicas de Cavallo. Es un intento inútil por reescribir la historia.

Cavallo señala por último que, a fines de 2001, se impuso en Washington la idea de aplicar un castigo ejemplar a la Argentina por su endeudamiento e irresponsabilidad. Imagino que es la parte de su argumentación en la que más está usted de acuerdo. Dice que la Argentina fue usada como "conejillo de indias". ¿Fue así? ¿Eso fue parte del desenlace? ¿Se expresaba eso en las discusiones internas del Fondo?

Nunca escuché o participé de una discusión en que se dijera que Argentina sería el conejillo de indias y que debía darse un ejemplo de riesgo moral. Es cierto que la Argentina y las autoridades siempre especulaban que el país era demasiado grande para caer, y por eso podían hacer un poco lo que quisieran en el área de deuda. La argumentación argentina, y que en parte compartían muchos, era que podía haber efectos negativos sistémicos.

En eso también se equivocó finalmente Cavallo. Por otra parte, yo detectaba un cierto tono moralista en gente como Köhler y como Paul O'Neill, el primer secretario del Tesoro de Bush, cuando sostenían que los argentinos debían aprender de sus errores. Pero esto lo noté más claramente después de la crisis. Lo que quedó en claro es que el sistema financiero no consideraba ya la Argentina a fines de 2001 como un peligro para el sistema y que los costos para mantenerla eran demasiado grandes. Ya la deuda estaba provisionada, es decir, protegida con reservas técnicas para cubrir pérdidas: las pérdidas ya estaban contabilizadas para muchos. Cuando el costo de mantener funcionando la convertibilidad pasó a ser mayor que los beneficios, la convertibilidad cayó. Es así de sencillo. Cavallo hizo un magnífico ejercicio de negación.

15 de junio de 2004

¿No tenía Cavallo, en cierto modo, algún derecho a mantener una relación tirante con el Fondo? Machinea había consensuado todo sin grandes resultados. Le volvían a proponer las mismas recetas. Él sentía que no iban a funcionar. Aun alguien racional tenía todo el derecho del mundo a desconfiar de la capacidad del staff del FMI para resolver esos problemas. De hecho, las salidas propuestas aseguraban el fracaso.

No da la impresión de haber sido una estrategia demasiado inteligente, ¿no le parece? Cortaba relaciones con nosotros e inmediatamente nos pedía más dinero. ¿Le parece que eso tenía algunas posibilidades de terminar bien?

De cualquier manera, usted, Mussa, Cavallo, Köhler, fomaron parte –en un rol u otro– de todo este proceso. Déjeme mostrarle cómo se los veía –a todos ustedes– desde afuera. Unos días después del estallido de la crisis, Paul Krugman[62] publicó en The New York Times *un artículo notable sobre sus causas. ¿Recuerda que semanas atrás usted describió a Krugman como "siempre brillante"?*

Sí, lo que no significa "siempre perfecto".

Krugman sostuvo que el "catastrófico fracaso" de la Argentina se debió a las políticas aplicadas en la década del noventa. Textual: "A los ojos de la mayor parte del mundo, las políticas económicas argentinas tienen pegada la estampilla 'made in Washington'. La Argentina, más que ningún otro país en desarrollo, compró las promesas del 'neoliberalismo' promovido por los Estados Unidos... Los aranceles desaparecieron, las empresas del Estado se privatizaron, le dieron la bienvenida a las corporaciones internacionales y el peso fue atado al dólar. Wall Street celebró y derramó dinero allí. Por un momento, la economía del libre mercado parecía reivindicada y sus defensores no eran tímidos al reclamar el crédito". ¿Cómo es que nadie se atreve, en el Fondo, en el mundo de los economistas liberales, a pensar como Krugman, nada menos que uno de los máximos especialistas en finanzas internacionales del mundo?

16 de junio de 2004

La Argentina no fue más liberal que otros países. Sí lo fue respecto de las privatizaciones. Pero no en otros aspectos, donde Chile, México y hasta el Brasil fueron mucho más coherentes y cuidadosos. La Argentina no bajó los aranceles como lo hicieron Chile y México. Y además, el tipo de cambio fijo no formaba parte de la doctrina liberal. Sólo en algunos círculos, como el núcleo más duro del *The Wall Street Journal*, se consideraba al tipo de cambio fijo como parte del dogma. Pero eran posiciones extremas. No estoy de acuerdo con el enfoque. La manera en que se implementó el así llamado modelo neoliberal, como la manera en que terminó, tienen que ver mucho con las condiciones argentinas y no con las ideas centrales que lo guiaron.

De eso también habla Krugman en su artículo: "Cuando estalló la crisis, el Fondo Monetario Internacional –al cual gran parte del mundo, con gran justificación, lo percibe como un brazo del Departamento del Tesoro de los Estados Unidos– no fue de ninguna ayuda. Los miembros de su staff supieron durante meses, quizás años, que la política del uno a uno no podía ser sostenida. Y el FMI podía haber ofrecido tanto una guía sobre cómo escapar de su trampa monetaria como una cobertura política a los líderes que hicieran lo que debían hacer. En lugar de ello, los funcionarios del FMI –como doctores medievales que insistían en sangrar a sus pacientes y repetir el procedimiento cuando el sangrado los enfermaba aun más– prescribieron austeridad y aun más austeridad, hasta el final". Es, realmente, demoledora la descripción.

Es la típica descripción de alguien que estuvo fuera del campo de batalla. Su principal crítica a nosotros es que no exigimos a tiempo la salida de la convertibilidad.

Tiene razón en su mundo conceptual. En el mundo real, con las condiciones que ya hemos discutido *ad nauseum*, no. No éramos médicos medievales. Era una situación de crisis.

Pero, Claudio, aún hoy usted sigue pensando que el ajuste de López Murphy podría haber funcionado en otro contexto político.

17 de junio de 2004

¡Le estoy diciendo que acuerdo con Krugman en lo conceptual! ¡No me pida que acepte que éramos médicos medievales y tratábamos de desangrar al paciente! Como mucho, éramos técnicos equivocados. No veo qué sentido tiene recorrer todo el camino de nuevo. ¿Tengo que recordarle que el Brasil devaluó "a tiempo" sin pedirnos permiso?

Última cita –muy apropiada– de Krugman: "La gente que empujó a la Argentina a tomar las políticas desastrosas están ahora muy ocupados en reescribir la historia, culpabilizando a las víctimas". ¿No se siente reflejado?

Siempre que un protagonista reescribe la historia intenta culpabilizar a otros actores de la misma historia. Cavallo, por ejemplo, acusa al FMI, como usted y tantos argentinos. Aunque está clara cuál es mi opinión –y creo que hay distintos grados de responsabilidad– ya me cansa la discusión que tiende a establecer una tabla de posiciones de culpables.

¿No sería sensato que el FMI, los economistas ortodoxos, usted, Mussa, Cavallo, Broda, escucharan un poco más a científicos tan prestigiosos como Krugman, quien, además, es libremercadista? Por momentos dan la impresión de ser una secta que sólo se ocupa de las críticas externas para responderlas y cerrarse siempre en los mismos conceptos.

No nos puede culpar de defender nuestros puntos de vista. Es parte del debate.

Unos días atrás usted sostuvo que "los liderazgos se ven en las crisis". ¿Eso se aplica a todos menos al FMI? Usted sostiene que el Fondo no interviene cuando las cosas andan bien, porque no es su trabajo específico. Y que sólo aparece ante las crisis. Pero inmediatamente argumenta que maniobrar en medio de una crisis es muy complicado. No se entiende bien, entonces, para qué sirve, si se mira la sucesión interminable de errores aplicados en el caso argentino.

18 de junio de 2004

Es una pregunta válida si uno mira sólo el caso argentino. No le estoy admitiendo el argumento. Sólo le estoy reconociendo que fuimos parte del proceso argentino y eso se debe asumir. Pero el Fondo ha servido mucho en infinidad de situaciones de crisis. El FMI tiene que mantener un equilibrio muy precario entre analista global y asesor de confianza. Los jefes del FMI han denunciado enérgicamente las políticas pésimas de las potencias industriales –en materia de subsidios, por ejemplo–. Cuando estallan las crisis, muchas veces los liderazgos nacionales no ayudan, o no podemos ponernos de acuerdo en políticas coherentes, o en los tiempos de esas políticas. Pero yo diría que una vez estalladas las crisis, el Fondo reacciona con mayor rapidez e imaginación que cualquier otro organismo. Eso se vio en la crisis petrolera de los setenta, en la crisis de la deuda de los ochenta, en la crisis del sudeste asiático. En todos esos casos hubo errores, desprolijidades, falta de previsión y también genialidades. Tanto en la crisis del Tequila como en la del sudeste asiático, yo creo que se evitaron males mayores. También en el Brasil. El peor ejemplo –atribúyalo usted a las razones que quiera– es la Argentina. Fue la peor de las combinaciones: la insignificancia estratégica del país, las características de la clase dirigente, su confrontación con el Fondo, la aparición de un alemán en la conducción, la recesión internacional, el endurecimiento de la política de los Estados Unidos tras el triunfo de George Bush. Yo enumero todas esas características juntas y todavía me impresiona el cóctel. Otra vez: la crisis ya estaba lanzada, pero en otras condiciones el desenlace hubiera sido distinto.

No entiendo. El Fondo es tan poderoso que una palabra suya de alerta sobre el megacanje hubiera sido desastrosa. Pero, en cambio, es tan débil que no podía manejar la crisis porque Cavallo no le daba bolilla y, luego, no le dieron plata. Por un lado, son sumos sacerdotes que pueden aliviar o destruir un país. Por el otro, simples técnicos con un margen de acción muy pequeño. ¿Cómo se unen las dos perspectivas?

No hay una respuesta coherente a su pregunta. Parte del poder del Fondo es la percepción que se tiene de su poder. En ese sentido, una opinión desfavorable puede ser, en condiciones como las argentinas, letal. Pero eso no alcanza para manejar gobiernos como si fueran títeres. Digámoslo de otra manera. El Fondo tiene poder cuando expresa a sectores de poder con una opinión consensuada. Cuando todas las variables vuelan por el aire, nadie –ni Dios– tiene poder. El G-7 no sabía qué hacer, el Gobierno argentino no sabía qué hacer, la comunidad financiera tampoco, era todo una locura. Cuando el Fondo expresa gran parte del consenso de esos sectores, tiene un poder indiscutible. Cuando cada uno dispara hacia su lado, tiene que limitarse a no hacer daño o a evaluar al límite las condiciones de mantener un programa. Nadie tiene, nunca, poder por sí mismo.

Notas:

57 El libro de Michael Mussa se llama *La Argentina y el FMI* y fue la primera autocrítica realizada por un funcionario jerárquico del Fondo acerca de la actuación del organismo en la crisis argentina. Como todo lo que provino desde el Fondo desde entonces, el enfoque de Mussa es tan fiscalista como lo era durante la crisis: el problema para él no fue la orientación de las políticas recomendadas sino la falta de coherencia con esa orientación. Mussa evalúa la década del noventa exclusivamente en función de la evolución del gasto público. No incorpora a su análisis ni las razones de la desfinanciación del Estado, ni los problemas sociales, ni los rasgos monopólicos de las privatizaciones.

58 En el proceso del megacanje tuvo un rol fundamental David Mulford, presidente del Crédit Suisse First Boston. Mullford era amigo de Cavallo desde que, como subsecretario del Tesoro norteamericano, a comienzos de los noventa, favoreció a la Argentina con su inclusión en el Plan Brady. Luego, desde el Crédit Suisse, Mulford manejó la privatización de YPF y se transformó en uno de los principales suscriptores de bonos argentinos. Él propuso el megacanje a Cavallo y viajó por todo el mundo promoviendo el canje de deuda. Los siete bancos que manejaron la operación, liderados por el Crédit Suisse, embolsaron más de cien millones de dólares en una semana de trabajo. Fue el mejor negocio de Mullford en la Argentina. Los datos están incluidos en una reveladora nota publicada en julio de 2003 en *The Washington Post*, y que es el elemento central del capítulo 9 de este libro.

59 El otorgamiento del préstamo de 8.000 millones de dólares en agosto de 2001 fue decidido con la participación directa del presidente de los Estados Unidos, George Bush. Así lo cuenta Martín Kanenguiser: "El 14 de agosto recién comenzaron a regresar los miembros de la conducción del Fondo de sus vacaciones de verano, apurados por el caso argentino. Con cierto disgusto por haber tenido que acortar su descanso, Köhler abrió una teleconferencia con los ministros de Finanzas de los países del Grupo de los Siete... El presidente George W. Bush y el canciller alemán Gerald Schroeder expresaron su respaldo público a la Argentina, y el premier británico Tony Blair viajó a Buenos Aires con el mismo objetivo. En paralelo, los presidentes Fernando Henrique Cardozo del Brasil, Ricardo Lagos de Chile y Vicente Fox de México activaron un importante lobby ante Bush, con la consigna de convencerlo de los efectos perjudiciales que provocaría un default argentino para la región". En la autocrítica del Fondo, elaborada por la Oficina de Evaluación Independiente, reconocen que, durante las discusiones internas, hubo directores que alertaron que ese dinero serviría sólo para sostener la fuga de capitales.

60 Las posiciones del FMI respecto de la salida de la crisis parecen haber sido completamente erráticas. Los funcionarios argentinos recuerdan, por ejemplo, que Köhler presionaba personalmente a favor de la devaluación en cada encuentro con ellos. Sin embargo, en enero de 2001, el FMI entregó un documento al gobierno argentino recomendando la dolarización. Mientras tanto, seguía prestando dinero para tratar de sostener la situación. Incluso a fines de noviembre, horas antes del corralito, Fernando de la Rúa recibió una presión directa donde el FMI lo urgía a devaluar o dolarizar, es decir, que aun en ese caso dudaba sobre cuál era el mejor camino. La agencia Reuters informó el 5 de diciembre de 2001 que en noviembre de ese año, la "sugerencia" de devaluar o dolarizar llegó directamente al despacho del presidente De la Rúa en una carta cuyo remitente fue el director gerente del organismo, el alemán Horst Köhler. "Les hemos dado opciones y las opciones son dolarizar o devaluar. Eso es lo que le queda a Argentina", dijo a Reuters "una fuente del FMI". Según la agencia, "otra fuente del directorio del FMI dijo que el organismo ha querido discutir la posibilidad de una dolarización o una devaluación desde hace meses". Pero, según la fuente, "ha habido una gran renuencia a discutir cualquier cosa por parte de ellos. Ellos simplemente rechazan discutir ciertas opciones", se habría quejado el funcionario consultado.

61 El 28 de diciembre de 2003, en una larga nota concedida a *La Nación*, Cavallo desarrolló su teoría de que el Fondo boicoteó la reestructuración de la deuda argentina al negarse a desembolsar, luego del corralito, los 1.200 millones de dólares que restaban del crédito de 8.000 millones aprobado en agosto anterior. En enero de 2004, en otro reportaje concedido en Madrid, Cavallo sostuvo: "La Argentina siempre cumplió sus compromisos. El que no cumplió fue el Fondo, que no ayudó al país a llevar a cabo el plan de reestructuración de la deuda... Desde Washington se decidió utilizar a Argentina como un ejemplo, como conejillo de indias para enviar el mensaje de que la nueva administración estadounidense iba a evitar a toda costa el 'moral hazard' [riesgo moral en los préstamos a países deudores]. El FMI aceptó el plan de reestructuración de la deuda en agosto del 2001, pero después boicoteó este plan y rechazó todos los planes que se le presentaron".

Las acusaciones a Krueger están incluidas en un reportaje concedido al diario *El Mercurio*, de Chile, a fines de febrero de 2004: "[El corralito] fue un sistema de control de cambio. No pudimos evitar ponerlo porque tres días antes la subdirectora gerente del Fondo Monetario Internacional (FMI) había mencionado en Washington que un país que está reestructurando su deuda tiene que poner controles de cambio. Todo el mundo interpretó que la Argentina iba a tener que hacer eso y sacó su dinero de los bancos. Cuando ocurre eso en cualquier país hay que poner obviamente alguna restricción para el retiro".

62 Krugman publicó la nota "Crying with Argentina", en la edición del *The New York Times* del 2 de enero de 2002, horas después de la asunción de Eduardo Duhalde y en medio del momento más dramático para la democracia argentina, por lo menos desde 1989. El título –"Llorando con la Argentina"– es una obvia referencia a *Don't Cry for me, Argentina* (No llores por mí, Argentina), la ópera sobre la vida de Eva Perón. A mediados de 1999, Krugman había publicado otra columna donde sugería que la Argentina debía explorar las posibilidades de una devaluación. En aquel caso, el título fue: "Don't laugh at me, Argentina" (No te rías de mí, Argentina).

CAPÍTULO 10

Wall Street

*Donde el entrevistado, al fin, se decide a hablar
sobre los banqueros y su obsesión
por el* bonus *de fin de año*

20 de junio de 2004

La última mirada que quería aportarle sobre la crisis argentina es, a mi entender, la más interesante. Se trata de un artículo aparecido en el The Washington Post *a mediados del 2003, firmado por Paul Blustein, el más destacado de sus columnistas financieros.[63] ¿Sabe a lo que me refiero?*

¡Por supuesto que sí! A todos los que trabajamos con la Argentina, dentro y fuera del FMI, nos impactó mucho ese trabajo.

¿Por qué?

Porque es el primero que refleja –con datos concretos– la moral con que se manejó la comunidad financiera en el caso argentino. A todos nos sorprendió el nivel de la información y la crudeza con que están descritos los hechos.

Permítame citar cuatro fragmentos de ese trabajo, aunque sea largo. Conteste, luego, con su versión de los hechos.

Pese a que el primer fragmento es casi enteramente de color, refleja el ambiente en que se realizaban negocios en una Buenos Aires que ya se parecía al Titanic:

> *Ay, los recuerdos. Celebrar banquetes con bistecs de la carne más tierna del mundo. Esquiar en resorts con vista a lagos resplandecientes en Los Andes. Y visitas, a altas horas de la noche, a "clubes de caballeros" ubicados en glamorosos barrios de Buenos Aires. Esas distracciones esperaban a los banqueros de inversión, los brokers y los gerentes financieros que cayeron en manada a la Argentina a fines de los años noventa. En esos días, las firmas de Wall Street elogiaban a la Argentina con exasperación como una de las economías más calientes mientras recibían importantes comisiones por suscribir y distribuir las acciones y los bonos del país. De esa manera, fueron plantadas las semillas de uno de los colapsos económicos más espectaculares de la historia moderna, una debacle en la que Wall Street jugó un rol central.*

El segundo fragmento sugiere que se forzaban informes sobre la Argentina porque eso aseguraba grandes ganancias. Textualmente:

> *Buscando explotar la atmósfera febril que existía en los mercados emergentes, firmas como Goldman, Morgan Stanley y el Crédit Suisse First Boston construyeron su presencia en la Argentina y en los países vecinos, enviando equipos de economistas y expertos financieros, la mayoría apenas en su tercera o cuarta década de vida. Competían ferozmente por obtener mandatos de los gobiernos para que sus empresas fueran líderes a la hora de vender bonos, especialmente en la Argentina, cuyo gobierno fue el mayor emisor de bonos de todos los mercados emergentes. Encontraron muchos compradores para los bonos en*

los Estados Unidos y otros países ricos, entre inversores profesionales que manejaban cientos de miles de millones de dólares a través de fondos mutuales, fondos de pensión, compañías de seguros y otras instituciones gigantescas. Había demasiado en juego para esas firmas en el escenario argentino. De no haber sido por las prodigiosas ventas de bonos argentinos, informó la revista LatinFinance *en 1998, muchos banqueros de inversión en países emergentes se habrían visto en problemas ese año porque las crisis en Asia y Rusia generaban fugas de capital que secaba a los países donde antes habían servido. Una de las "securities firm", Desdner Kleinwort Bensor, aseguró a sus clientes que estaba preocupado por la posibilidad de que la Argentina siguiera el camino de países como Tailanda e Indonesia, que "la Argentina ha atravesado con éxito la primera etapa de la crisis asiática", según un informe de junio de 1998, y que "no era casualidad. Los fundamentos económicos son considerablemente más sólidos que tres años y medio atrás". Tras la ebullición, sin embargo, la Argentina estaba preparando el camino para su propia destrucción.*

El tercer fragmento denuncia que se ocultaba información clave con el objetivo de mantener los negocios:

Mucho tiempo antes del default argentino, Desmond Lachman, el jefe de estrategia económica para mercados emergentes de Salomón Smith Barney Inc., vio cómo la economía argentina no tenía manera de salir de su laberinto y chocaría contra la pared de una manera u otra. Mucha gente, en el negocio de los mercados emergentes, recuerda a un lúgubre Lachman transmitiendo eso en conversaciones con clientes mientras la recesión comenzaba a afectar a la Argentina, mientras que analistas de otras firmas predecían una recuperación. Pero el pesimismo de Lachman no era transmitido en los informes publicados por Salomón, parte del Citigroup, que era a su vez uno de los principales suscriptores de los bonos del gobierno argentino. Los informes de investigación escritos son importantes al influenciar movimientos de capital, especialmente porque los gerentes financieros quieren tener el material en sus archivos para respaldar las decisiones de inversión. Los funcionarios en el Ministerio de Economía de la Argentina sabían que Lachman estaba describiendo las perspectivas del país en términos muy oscuros. Pero insistieron en incluir a Salomón entre sus suscriptores de cualquier manera, aunque advirtieron a la firma que asegurara "tener varios puntos de vista" además del de Lachman, según recordó un ex funcionario. Las investigaciones publicadas sobre la Argentina por otros analistas de Salomón tendían a ser relativamente esperanzadas sobre las chances del país de sobrevivir, aun en los turbulentos meses del 2001, que terminaron en el default.

Y el cuarto refleja cómo, en medio de la crisis, personajes y bancos importantísimos de Wall Street, a través de su relación con ministros argentinos, realizaban negociados que destruían al país:

Cuando fue designado como ministro de Economía en marzo del 2001, Domingo Cavallo prácticamente no se había instalado en su oficina cuando David Mullford, chairman del Crédit Suisse First Boston, llegó para dar un golpe. Cavallo, el padre de la convertibilidad, tenía una larga historia de acuerdos con Mullford, durante su período previo como ministro de Economía, entre 1991 y 1996. Se conocían desde que Mullford era subsecretario del Tesoro norteamericano para asuntos internacionales durante la primera administración Bush y su relación se había profundizado cuando Mullford se sumó al CSFB, que manejó la privatización de la empresa petrolera argentina y *se transformó en uno de los principales suscriptores de bonos de la Argentina. Mullford tenía una idea para un acuerdo que empequeñecería todos los que había hecho antes. Propuso un megacanje de la deuda, en la cual los tenedores de bonos argentinos recibirían la oportunidad de cambiar sus viejos bonos por nuevos, en condiciones voluntarias. El propósito era eliminar un problema que alteraba a los mercados —los enormes vencimientos de intereses y capital que la Argentina debía afrontar entre el 2001 y el 2005—. Bajo ese acuerdo, esos vencimientos se estirarían, lo que daría un respiro para recomenzar el crecimiento económico, sostuvo Mullford. Mullford viajó por las capitales financieras de todo el mundo para vender el canje de deuda, al que describió como la creación de una oportunidad para mejorar la economía, la situación fiscal y la sensación del mercado. El resultado fue anunciado como un gran éxito: los tenedores de bonos habían aceptado canjear 20 mil millones, mucho más de lo que había sido esperado. Los siete bancos que manejaron la operación, liderados por el CFSB y el Morgan, recibieron cerca de 100 millones de dólares en comisiones, un monto que justificaba la asignación de 60 expertos de máximo nivel, que trabajaron en esas complejas transacciones.*

No sólo esos fragmentos. Todo el trabajo de Blustein me resulta enteramente creíble. El artículo de Blustein es probablemente la descripción más precisa del comportamiento del mundo financiero privado respecto de los países emergentes en general y de la Argentina en particular. Y no sólo respecto de ellos sino también respecto de las inversiones dentro del propio Estados Unidos. Creo que el mismo Blustein lo señala, aunque usted no lo incluyó dentro de los fragmentos. Se puede realizar una comparación completamente válida entre lo ocurrido con Enron o World Com y lo que pasó con la Argentina. De la misma manera, personas que ganaban mucho dinero cuando las cosas iban bien, se cuidaban mucho de decir que no iban tan bien. E instituciones similares ocultaban los informes que no eran color de rosa. Hasta que todo estalló.

La motivación de la gente de Wall Street es el lucro. Y eso es completamente válido. Se dedican a eso y, repito, no me parece mal. Hubo, sin embargo, voces que disentían con la euforia general. Blustein cita a Lachman. Yo agregaría a mi amigo Mohamen El Erian, quien compitió con Rodrigo de Rato por la gerencia general del FMI unos meses atrás, y en 1998 era uno de los economistas más destacados de uno de los fondos de inversión más importantes. Él vio lo que se venía y se retiró a tiempo. Renunció a ganar mucho dinero a corto plazo en función de la seriedad de su análisis, que era compartido por nosotros. La Argentina no iba bien. Pero había fiesta. Era imposible pararla.

La ambición genera comportamientos de ese estilo en Wall Street. No es nuevo. Yo recuerdo a comienzos de los ochenta, cuando ya se vislumbraba la crisis de la deuda mexicana, que nosotros nos encontrábamos con funcionarios muy altos del gobierno de México y le pedíamos que pararan de endeudarse (en ese entonces yo era apenas un miembro más del staff). Ellos nos decían que eran México y que jamás tendrían ningún problema. Nosotros insistíamos. Al salir, veíamos en la antesala de los ministros a hombres muy bien vestidos, todos con su valijita, que esperaban su turno para ofrecerles dinero fácil. Nadie, naturalmente, se negaba.

A mí me consta, porque lo vi infinitas veces, que el objetivo de esta gente es el lucro a corto plazo. No son grandes estrategas. No están pensando en la real rentabilidad de una inversión, o en planteos de largo plazo. Todo eso existe. Pero es secundario. Ellos están pensando, en realidad, en su *bonus*. Su salario anual se compone de una suma fija y de un *bonus*. En general, la suma fija es la mitad del total y el *bonus* se calcula, de una manera bastante poco transparente, de acuerdo con los negocios que logra cerrar cada persona. Cuando "la moda" es suscribir bonos de un determinado país, allí van los hombres de la comunidad financiera a tratar de ganarle a la competencia. Así funcionan. El valor del artículo de Blustein consiste en ponerle nombre y apellido a todo ese proceso en el caso argentino.

En los años noventa, hubo un problema extra. Todos estábamos convencidos de que era positivo el libre fluir de fondos y que los propios países instalarían mecanismos regulatorios eficientes. En realidad, todos fuimos encandilados por el *boom* de los mercados en los años noventa. Con todo derecho, se puede decir que el FMI percibió todo el proceso que describe Blustein pero, aunque su staff alertó sobre sus consecuencias, no lo hizo con suficiente energía. Pero todos estábamos encandilados. Era un fenómeno completamente nuevo. Alan Greenspan hizo una referencia a eso cuando habló de la "exuberancia irracional" de los mercados. La inercia exitista no permitió un ajuste oportuno. Hoy está en discusión, en fuerte discusión, cuál es el mecanismo que, al mismo tiempo, habilite la llegada del capital excedente hacia los países más débiles, sin que produzca los daños de fines de los noventa. Para América Latina quizá sea tarde: por largo tiempo los capitales no van a ir hacia allí de la misma manera, hagan lo que hagan. Quizá, por un tiempo al menos, sea una bendición.

Notas:

63 El artículo de Blustein fue publicado en junio de 2003 en *The Washington Post* y motivó un nuevo comentario de Krugman, titulado: "Argentina: el rol de la ideología". Krugman sostiene que la nota incluía mucha información ignorada por él, pero que subestimaba el rol de la ley de convertibilidad en la debacle. "Durante los noventa, casi hasta el amargo final, en Wall Street estaban completamente convencidos de que la convertibilidad era simplemente una idea maravillosa. Cuando uno hacía preguntas sobre los resultados de la economía, la respuesta era siempre que ese maravilloso sistema monetario aseguraba el éxito del país. Domingo Cavallo, el arquitecto del sistema, era tratado como un héroe. Lo curioso es que no había evidencias para sostener ese entusiasmo. Había y hay argumentos a favor de regímenes convertibles, como los hay en contra. Se puede elegir en qué lugar del debate ubicarse, pero de ninguna se justificaba el enorme entusiasmo de los economistas de Wall Street. ¿A qué se debía ese entusiasmo? A una sencilla razón. Un régimen de convertibilidad congeniaba con la ideología conservadora. Al eliminar la posibilidad de políticas monetarias discrecionales, nos llevaba a un mundo prekeynesiano (...) Usted puede preguntar: ¿no son los analistas financieros supuestamente personas rigurosas que miran los hechos, no importa cuál sea su ideología? (...) La base es que estos muchachos –con algunas honorables elecciones– absorben todo lo que encaja con sus preconceptos ideológicos. Y son muy, pero muy resistentes a admitir cuando un gobierno defiende el discurso del libre mercado, y dice que hacerse rico es fabuloso, está de hecho llevando a su país al ras del suelo".

CAPÍTULO 11

Default

Donde el FMI se pone más duro que nunca...
¡y pierde una batalla!

20 de junio de 2004

¿Cómo tomaron ustedes la imagen de la Asamblea Parlamentaria que aplaudió el momento en que Adolfo Rodríguez Saá declaraba oficialmente el default de la deuda argentina?

Fue un acto de circo. En un momento de caos político, un nuevo presidente quiso presentar como un hecho de reivindicación nacional algo que, en realidad, era una tragedia. Yo no sentí nada especial aparte de tristeza. Sabía que entre los argentinos había en ese momento sentimientos contradictorios. Todos vivían en medio de una gran incertidumbre y estaban, al mismo tiempo, espantados por la violencia en las calles y esperanzados por la caída de un Gobierno en el que ya no creían. En ese contexto, cualquier cosa podía pasar. Para mí fue eso: un acto de circo y, al mismo tiempo, un episodio menor. Para otra gente fue una acción demagógica que no le daba ninguna credibilidad a la Argentina.

El discurso convencional, en la Argentina, otorga a ese episodio un rol central. Se suele decir: "Un país que celebró el default jamás volverá a ser considerado un país serio". ¿Usted opina lo mismo? ¿Hubiera cambiado demasiado lo que siguió de no haber existido ese festejo?

No. Ya el caos estaba escrito desde el momento que se tomó la decisión de imponer el corralito y frenar completamente la economía. No hubieran cambiado demasiado las cosas.[64] A esas alturas, me atrevería a decir que era apenas una mancha más.

¿Cómo fue la relación entre el FMI y Rodríguez Saá?

21 de junio de 2004

Corta, naturalmente. Al día de hoy difícilmente alguien recuerde su nombre en el Fondo.

¿Hubo contactos, pese a su declaración de default?

Sí. Siempre hay contactos. El FMI es, en ese sentido, muy pragmático. Köhler estaba muy preocupado con la Argentina porque estaba en un proceso de desintegración política que no se sabía dónde podía terminar. Se enviaron mensajes para tener un diálogo directo con Rodríguez Saá. Hubo una conversación telefónica entre la señora Krueger y él. Ella le manifestó su disposición a trabajar juntos para superar la crisis y encontrar soluciones. Hubo un intento serio de armar un puente. Él dijo que estaba muy interesado y que estaba tratando de armar un programa económico. Todos nos quedamos con la sensación de que era un hombre muy asustado.

¿Cómo reúne información el FMI ante una situación tan crítica? ¿Cómo sabía Krueger con quién iba a hablar cuando se conectaba con Rodríguez Saá?

22 de junio de 2004

En una situación así no hay manera de tener información seria. Lo más cercano a eso son los recortes de prensa que junta el personal del Fondo. Era todo demasiado caótico. Para mi departamento, además, era una situación muy amarga. Sea cual fuere la distribución de culpas, todos sentimos que no habíamos podido evitar el desastre. En esos días, yo repetía que me llamaba la atención que la Argentina tuviera tanta capacidad para desengañarme.

¿Cambió mucho la situación cuando llegó Duhalde?

Sí. Inmediatamente hubo una sensación de mayor estabilidad. Duhalde llegaba para quedarse, al menos, más de una semana. Y tenía como colaborador a Remes, una persona muy importante, con muy buenas relaciones con la gente del FMI. Lo veíamos como un político pero muy prudente, muy razonable. Remes se reunió primero con Reichmann. Ya tenían una relación fluida. Yo llegué a fines de enero de 2002. Mantuve varias reuniones con Remes y su equipo. Le repito: en el Fondo hay una visión pragmática. Apenas un Gobierno se establece y demuestra capacidad para restituir algún grado de normalidad, se construyen puentes y, normalmente, viaja una misión. En ese caso le planteamos todos los problemas que veíamos: el tipo de cambio fijado por las autoridades, la emisión de cuasimonedas y nuestra oposición al proyecto de pesificación asimétrica. Ellos nos explicaron los problemas que tenían. No llegamos a ningún acuerdo. Conversamos mucho. Y se estableció un principio de diálogo. Nadie tenía expectativas de gran éxito. Éramos conscientes de que se trataba del primer paso de un largo proceso. No había todavía una visión dura por parte del Fondo, como la que se impondría un mes después. Ese primer encuentro allanó el camino para una segunda reunión en Washington, a principios de febrero. Allí se encontraron por primera vez Remes y su equipo con Horst Köhler y Anne Krueger.

¿Hubo gritos? ¿Fue una reunión cordial? ¿Cómo recuerda la actitud de cada uno?

La química no era ni mala ni buena. Yo diría que era neutral. No había fluidez. No ayudaba que Remes no hablara inglés. No es, a veces, un tema menor. Recuerdo vagamente que Köhler hizo una larga catarsis respecto de sus fracasos con la Argentina. No era algo nuevo, por eso no le presté mayor atención. Hacía catarsis sobre el tema todo el tiempo. Krueger fue igual de dura pero utilizó un tono más sereno.[65]

¿Puede haber fluidez con Krueger si uno habla inglés? Tiene una imagen demasiado dura.

23 de junio de 2004

Es seria en los negocios, es firme y es rígida. No le gusta nada –pero absolutamente nada– que la contradigan y ejerce el poder yo diría que sin ninguna vergüenza. Es difícil. Sin embargo, no creo que le disgusten desplantes como los de Kirchner. Uno tiene la fantasía de que, en el fondo, la resistencia ajena la atrae como un desafío casi lúdico en el que siente que tiene todas las de ganar. No me parece que sea sádica o despótica: en todo caso, sus apelaciones al autoritarismo forman parte de una estrategia y no de una reacción impulsiva. Es una mujer muy respetada en un mundo de hombres y eso es difícil. Algunos de sus alumnos, de todos modos, describen anécdotas donde ella despliega una sorprendente ternura. Pero eso no se expresa cuando está pulseando. Es intransigente en la defensa de los principios del libre mercado. Es muy difícil correrla hacia enfoques alternativos. Es una autoridad teórica indiscutible y se comporta como tal. Así como usted exhibe el currículum de Krugman o el de Stiglitz como indiscutibles –y lo son, realmente– ocurre lo mismo con Krueger. Le doy un ejemplo: es *distinguished fellow* en la American Economic Association, un lugar al que muy pocos llegan, y sólo después de haber realizado aportes significativos a la ciencia. Es enemiga de los controles, de las regulaciones: está convencida de que siempre terminan en corrupción estatal. No tengo mala imagen de ella.

Me estaba contando la reunión con Remes.

24 de junio del 2004

Recuerdo a un Remes pidiendo disculpas y haciendo esfuerzos por demostrar la seriedad del nuevo Gobierno. Y Krueger retándolo, advirtiéndole que la Argentina iba a tener que hacer muchos esfuerzos para volver a ser considerada seria. Si tuviera que sintetizar las diferencias, diría que Remes pedía apoyo financiero para poner en marcha un programa gradual. Y tanto Köhler como Krueger sostenían que sólo habría apoyo una vez que estuviera en marcha un programa integral. Había un montón de presiones. El caso más claro era el de la pesificación asimétrica. Nosotros le dijimos a Remes que íbamos a tener muchos problemas para apoyarlos si tomaban esa medida. Ellos nos respondieron que estaban considerando un veinte por ciento de diferencia entre el valor de los depósitos y el de los créditos. Nosotros advertimos que no lo hicieran. Y después lo hicieron, con un cuarenta por ciento de diferencia.

¿Qué era lo que le molestaba de esa medida? ¿El costo para los bancos?

No. Sé que el Gobierno presentó esa decisión como un gesto de castigo a los bancos –que cobrarían un peso por cada peso que les debían pero pagarían 1,40 por cada peso depositado–. Nosotros sabíamos que no iba a ser así. Esa diferencia de 40 por ciento jamás sería pagada por los bancos, entre otras razones, porque su patrimonio había sido destruido en los meses anteriores. Había un solo modo de obtener el dinero: el Estado se endeudaría de manera compulsiva. Eso fue, luego, el festival de bonos de 2002. Hoy la Argentina, pese al default, debe más dinero que antes porque en el 2002 se produjo un endeudamiento gigantesco. En los próximos años el Gobierno deberá pagar una enorme cantidad de dinero por la medida que se tomó a comienzos de 2002. La imagen era que los bancos se guardaban la plata. Pero el capital que tenían los bancos ya no existía. Era una situación delicada. La pesificación asimétrica perjudicaba el Estado, es decir, a toda la sociedad. Porque el Estado debería poner más bonos para pagar la diferencia. Eso era lo que temíamos que iba a pasar. Y eso es lo que pasó. Fue una transferencia del sector público (de los que pagan impuestos o de los que deberían recibir beneficios) hacia sectores que obtenían una ventaja muy importante. Se endeudaba el Gobierno con el país: a la larga habría que subir los impuestos.[66]

25 de junio de 2004

¿No era en cierto modo comprensible que eso ocurriera, teniendo el Gobierno una necesidad desesperada de ganar tiempo y descomprimir la situación de protesta social?

Era muy sospechoso todo. Fue, en realidad, una transferencia indecente hacia los deudores bancarios. Y no estoy hablando de los deudores pequeños. Se podrían haber establecido mecanismos más sofisticados para ganar tiempo. Podrían haber discriminado entre los diferentes tipos de deudores. No perdonarles todo a todos sin justificación, sin analizar las razones por las que las empresas se endeudaron, ni la capacidad de repago.

¿Por qué cree que no lo hicieron?

Todos, afuera, teníamos la impresión de que existían presiones muy fuertes.

En la Argentina se publicó la versión de que el principal lobby a favor de la pesificación asimétrica era ejercido por el grupo Clarín. Usted mismo mencionó antes a Clarín como un lobbysta a favor de la devaluación. ¿Fue así?

No quiero acusar directamente a *Clarín* porque a mí no me consta. Pero ésa era la impresión dominante. Había intereses muy importantes.[67] Y la pesificación asimétrica fue un mecanismo espléndido para aliviar la situación financiera de ciertas empresas.

26 de junio de 2004

Quiero insistir con una idea. Era un Gobierno que asumía en condiciones de extrema debilidad. ¿No era comprensible que, para poder evitar un desastre peor, intentara ganar base de apoyo, incluso en grupos empresarios importantes, licuándoles la deuda?

Nadie en el FMI objetó el lanzamiento de los planes Jefes y Jefas de Hogar. Más allá de las irregularidades que se descubrieron después, es obvio que eso era necesario para transformar a la Argentina en un país medianamente gobernable. No fue así en el caso de la pesificación asimétrica. Nadie lo planteó como un mecanismo destinado a conseguir la estabilidad política. Si lo hubieran hecho, se habría generado un debate en el FMI. Algunos hubieran argumentado que los planteos técnicos debían contemplar la delicada situación política. Otros hubieran sostenido que la pesificación asimétrica era, de cualquier manera, un escándalo. Pero esa discusión no llegó a producirse. A todos nos dio la impresión de que se trataba de un negociado. Me parece que es un típico caso donde la dirigencia argentina se muerde la cola y entierra al país. Duhalde ganaba tiempo. Grandes grupos licuaban la deuda. Pero las perspectivas a mediano plazo de todos –incluidos Duhalde y los grandes grupos– eran lesionadas. En estos treinta años vi muchos casos donde se hacían así las cosas.

A mediados de enero, antes de esas reuniones, el Fondo logró, sin embargo, colocar a Mario Blejer, uno de sus funcionarios, en el Banco Central.

Ese tipo de decisiones son gestos de los países hacia el Fondo. No son imposiciones, ni siquiera sugerencias. Mario renunció al FMI para asumir. Yo no lo hubiera designado en ese cargo. Pero cumplió un rol excelente. Si la Argentina se recuperó como lo hizo, en parte importante, fue por la política monetaria seria que impuso Blejer. De otro modo, todo hubiera volado por los aires.

¿Un funcionario del Fondo pide autorización antes de asumir en un cargo así?

27 de junio de 2004

No está obligado. A veces, consulta. Si Blejer lo hizo, no fue conmigo.

La designación de Blejer, la liberalización del dólar, el pago al día de la deuda con los organismos pese a la situación de crisis: Duhalde intentó hacer gestos concretos de acercamiento al FMI. ¿Cómo repercutió eso?

Hubo una pequeña discusión que fue abortada a mediados de febrero. En ese momento, quedó claro que Köhler y Krueger pensaban que se debía imponer un trato durísimo a la Argentina. No sé en qué momento tomaron esa decisión, pero debe haber sido un tema de debate entre ellos durante todo el mes de enero. A mí me llamaron por esos días, los dos y me dijeron: "Mirá, ésta es una situación difícil. Hay que cambiar algunas cosas. Vos estás demasiado de cerca. Y queremos crear una unidad ad-hoc".

Lo echaron.

No, pero en ese instante comenzó a estar claro cómo terminaría todo. Nos veían a nosotros demasiado comprometidos con el pasado. Hicieron algo que nunca vi en mis treinta años en el Fondo. Crearon un departamento ad hoc para que se encargara específicamente de que la Argentina no fuera tratada según los criterios habituales. El hombre a cargo de ese sector era Anoop Singh, quien unos meses después asumiría en mi lugar. Singh tenía varios admiradores, incluida la señora Krueger. Es un hombre muy hábil. Fue un golpe que me dejó en una situación ambivalente. Me sentí aliviado por no tener más responsabilidades laborales hacia la Argentina, pero era claro que me estaban recortando poder.

¿Allí empieza el reinado de los ayatollás?

29 de junio de 2004

Sí. Empieza el reinado de los ayatollás. Ya no se discute más qué hacer con la Argentina. Se decide que el país debía pagar por lo que había hecho y punto. No quiero que esto parezca una manera de justificarme. Está claro que soy crítico de las decisiones que el FMI tomaba cuando yo aún estaba arriba del barco. Pero el cambio de timonel, fue muy evidente. Argentina comenzó a recibir un tratamiento completamente distinto del que recibían todos los otros países y del que había recibido la Argentina hasta entonces. Creo que, en algún sentido, eso se mantiene hasta hoy. El acercamiento clásico hubiera sugerido que el Fondo acompañara al país mientras éste fuera haciendo las reformas necesarias para normalizar la situación. La conducción del Fondo estableció una lista de reformas durísimas que el país debía adoptar antes aún de que empezara la negociación. Las cosas que se pedían eran comprensibles desde un punto de vista analítico. Pero había una gran rigidez.

¿Cuánto había de personal y cuanto de ideológico en esa dureza? Me refiero específicamente a las catarsis de Köhler que mencionaba usted anteriormente.

30 de junio de 2004

Köhler estaba harto de la Argentina. Era así. Fue el final de un proceso que empezó en mayo de 2000. Hicimos una gira por América Latina: Brasil, Argentina, México y Honduras, con una parada técnica en Chile. Volvió muy bien impresionado de Cardozo y los brasileños, incluidos Malan y Arminio Fraga. Muy bien impresionado del presidente Ernesto Zedillo, de México, con quien tuvimos largas reuniones sobre cómo había que manejar la economía. En Honduras, también funcionó. La peor experiencia era la Argentina. Percibió una queja permanente, especialmente, de los empresarios: todos lloraban. Creo que ya se lo conté antes. Luego,

Cavallo lo irritó más que nadie. Lo he visto a Köhler enojado con otra gente. Por ejemplo, con el presidente de Nicaragua, por temas de corrupción. Pero con nadie como con Cavallo. Mantuvo el respeto por De la Rúa hasta el último instante. Eso es interesante. De la Rúa hablaba con él. Mantenía una vía paralela de comunicación a la de Cavallo, explicándole: "Mire, tenemos este problema...". Sin grandes pretensiones, como era él. Pero era respetable y respetuoso. Incluso, cuando se quebró la negociación con el Fondo, De la Rúa llamó, dijo que lo sentía mucho, que no se podía hacer otra cosa. La verdad es que estaba furioso. Köhler pensó que la Argentina le había prometido cosas que nunca había tenido la intención de cumplir. Que él se había jugado y la Argentina le había fallado. Creo que Köhler es un hombre religioso. Tenía una visión completamente moralista. Era un señor cuya visión sostenía que la Argentina debía arrepentirse y sufrir por sus pecados.

Casi un espejo de la visión de los argentinos hacia el FMI.

Era así. Era un político de carrera. Pero tenía esa visión de lo que era correcto y lo que era incorrecto. En algún sentido, me hacía acordar a mi papá, que también era alemán. Le doy un ejemplo personal. Köhler no entendía, por ejemplo, que un tipo como yo hiciera un chiste en medio de una negociación importante. Le parecía que no era serio.

¿Se lo dijo?

1° de julio de 2004

No. Pero me lo hizo saber. Él decía: "Este tipo no es serio. Si hace chistes, no es serio". Imagínese que a esta altura de mi vida yo no iba a cambiar mi forma de ser. Es un tipo que tiene una visión alemana de las cosas. Creí que la Argentina tenía que pagar con sangre.

¿Krueger también?

De otra manera. Krueger no tenía un componente moral ni personal. Sospechaba mucho de la Argentina y de la seriedad del nuevo Gobierno, a quien todo el mundo en Washington calificaba como "populista". Y terminó siendo mucho más ortodoxo de lo que se esperaba. Había miedo de que no hubiera ningún respeto a los principios básicos de estabilidad financiera. Ni Remes ni Lavagna generaban esa imagen. Ese cóctel provocaba que Krueger presionara con todas las armas que tenía. Yo no estaba de acuerdo con sus percepciones y sus estrategias. Pero creo que, mientras las posturas de Köhler tenían una importante carga emocional, ella, simplemente, defendía una posición dura en medio de una negociación.

2 de julio de 2004

¿Usted me quiere decir que un loco ocupa la presidencia de Alemania?

No. Usted es periodista y exagera todo. Köhler no es un loco. Ni siquiera es inestable. Y me atrevería a decir que con los alemanes se va a llevar mejor que con los argentinos.

En julio de ese año, tuve la oportunidad de reunirme con Duhalde en la Casa Rosada. Se lo veía aun más pequeño de lo que es. Recuerdo que hizo un razonamiento muy pesimista: "No le veo salida a esto. Tenemos pocas reservas, que es nuestra única defensa contra una estampida del dólar. El Fondo nos exige que les paguemos con reservas. Si lo hacemos, vuela todo por el aire. Si no, nos aislamos y es otro desastre". En el gobierno de Duhalde muchos pensaban que la presión para que la Argentina entregara reservas a cambio de nada era parte de una conspiración. ¿En el Fondo querían que se fuera?

No. Querían que les pagara lo que la Argentina debía sin ningún tipo de condicionamiento. Ahora: creo que Duhalde exageraba el problema. No era que el Fondo no quería ayudar a Duhalde. A nadie le interesaba que la Argentina se derrumbara.

Una estampida del dólar hubiera favorecido incluso más a quienes quisieran comprar barato bienes importantes que aún había en la Argentina como, por ejemplo, grandes extensiones de tierras.

3 de julio de 2004

Es verdad. Estoy seguro de que alguna gente pensaba así. Pero no era una visión oficial. En 2002 hubo gente que compró tierras muy baratas. No eran grandes inversores: éstos no tenían cómo justificar ante sus accionistas la decisión de invertir, en ese contexto, en la Argentina. Eran pequeños inversores –argentinos, chilenos, norteamericanos– sin ninguna posibilidad de influir en las decisiones del FMI. En un momento donde se ponía muy en duda la integridad corporativa de todas las grandes empresas norteamericanas –recuerda el caso Enron o World Com–, había mucho miedo de invertir en lugares como la Argentina.

¿En algún momento Duhalde propuso pagar la deuda con tierras?

Habló de bienes nacionales con un funcionario del gobierno norteamericano. Pero nadie lo tomó demasiado en serio.

¿En que perjudicó a la Argentina la rigidez del Fondo en el 2002?

4 de julio de 2004

Es una buena pregunta. La situación en la Argentina estaba tan mal, que era poco lo que el Fondo hubiera podido hacer. Y la recuperación se produjo cuando los efectos de la devaluación comenzaron a hacerse sentir. Quizá, en el primer semestre del 2002, un programa del Fondo hubiera ayudado a atenuar la sensación de volatilidad política, y a cualquier gobierno lo alivia contar con más fondos, sobre todo en una situación como ésa. Pero ni siquiera estoy seguro de lo que le digo. Desde el lado del Fondo, se podía haber evitado un papelón. De hecho, cuando, en enero del 2003, el FMI decide aprobar un nuevo préstamo, lo hace contra la voluntad de Köhler. Él lo dice textualmente cuando lo firma: "Me han obligado a hacer esto". Es decir, el grupo de los siete decidió desautorizar al director gerente del Fondo. Algunos dicen que eso muestra los principios de Köhler. En mi opinión, refleja su rigidez, su incapacidad de comprender una realidad compleja y su derrota.

¿Me equivoco o usted está elogiando implícitamente la decisión de Duhalde y Lavagna de ir al default en noviembre del 2002?[68]

5 de julio de 2004

Fue una decisión dura pero correcta. No había interlocutor del otro lado. Lavagna tenía que cuidar las reservas. La economía empezaba a despegar. Ya había signos claros de eso. En ese momento, el Gobierno hizo lo que debía hacer. Negociar desde una posición durísima. Era inteligente. El Fondo quedó como una entidad demasiado rígida, que es obligada por los países a flexibilizar su posición. Yo había aprendido eso mucho tiempo antes. Si uno se pone irracionalmente duro en una negociación y hay una instancia superior, termina desautorizado. Le pasó a muchos jefes de misión: los ministros de los países, antes, apelaban a Camdessus.

¿Recomendaría decisiones de ese tipo ante situaciones similares?

Es difícil responder. No le puedo decir que no, porque ya se lo acepté en un caso, ni que sí, porque se trata de un tema extremadamente delicado. En aquel entonces, me sentí más cerca de Lavagna que de Köhler. Pero no hay mapas para estos casos. Son todas negociaciones donde todas las partes juegan al filo de la navaja. Yo siempre me incliné por una posición más acuerdista. Pero cuando una parte pierde la racionalidad y coloca a la otra al borde de no tener nada que perder, la reacción tiene cierta lógica.

Concretamente: no se cumple el axioma de que el default –ni siquiera el default con los organismos financieros internacionales– significa necesariamente el aislamiento de un país.

6 de julio de 2004

Es muy difícil establecer axiomas. El default de diciembre de 2001 fue una tragedia para la Argentina. El del noviembre de 2002 fue una etapa en medio de una negociación. Ninguna persona seria va a plantear que la Argentina no tiene derecho a defender sus intereses en una negociación con el FMI o los acreedores privados. Es la lógica de las cosas. A mí me parece que eso es lo que hay que respetar. Un país cuando se endeuda a lo loco deja de respetar esa lógica. Cuando firma la pesificación asimétrica, también. Son boomerangs. Y cuando el Fondo asume posiciones irracionales, el país naturalmente se endurece. No hay que escandalizarse por esas discusiones. Han ocurrido siempre y siempre ocurrirán. La cuestión central, a mi entender, es si los gobiernos son serios y si las posturas, en medio de una negociación, más allá de que sean conciliadoras o duras, forman parte de una estrategia racional. Lo que no paga, estoy seguro, es la demagogia barata y el cortoplacismo.

Ernesto Tenembaum

Notas:

64 La demonización de la declaración de default –muy común entre la intelectualidad ortodoxa de la Argentina– no es compartida por observadores extranjeros tan conservadores como ellos pero más serios. En su edición del 2 de enero de 2002, la revista británica *The Economist* tituló su nota sobre la Argentina: "Aceptar el default, evitar el desastre", y recomendó la reestructuración de la deuda argentina y el apoyo del FMI a un nuevo plan. Vale la pena reproducir sus fragmentos más salientes porque son un notable retrato de época: "Luego de tres años y medio de recesión y de crecientes privaciones, la paciencia de los argentinos finalmente se acabó. Saqueos y disturbios callejeros –en los que murieron 28 personas– derrocaron primero a Domingo Cavallo, el desacreditado ministro de Economía, y luego a Fernando de la Rúa, el presidente (...) La opción elegida como nuevo presidente, Adolfo Rodríguez Saá, duró sólo una semana –lo suficiente para declarar oficialmente el default sobre los intereses de la deuda pública de 155 mil millones de dólares–. Fue echado durante el fin de semana por la muy presionada clase media, que tomó las calles, haciendo sonar cacerolas (...) El sucesor de Rodríguez Saá es Eduardo Duhalde, un experimentado político, que era senador por la provincia de Buenos Aires y fue candidato presidencial en 1999. Tiene una tarea difícil de envidiar (...) Si Duhalde no actúa con decisión, existe el riesgo de que la Argentina se deslice hacia la anarquía y el gobierno de la mafia. Su primer desafío será el de elaborar un plan económico coherente. Idealmente, eso debería incluir terminar con la convertibilidad, que ató el peso al valor del dólar (...) Devaluar el peso va a ser indiscutiblemente costoso, ya que gran parte de la oferta monetaria del país y la mayoría de los préstamos e hipotecas están en dólares. Cualquier decisión deberá, entonces, ser acompañada por un plan para ayudar a los particulares y a las empresas a reestructurar sus deudas. Al hacer eso, el gobierno debería obtener más ayuda del Fondo Monetario Internacional. Fue la decisión del FMI, de retener una cuota de 1.300 millones de dólares en diciembre, lo que forzó la renuncia de Cavallo. El FMI debe observar favorablemente cualquier decisión dirigida hacia la flotación del peso. Habiendo sido criticado por no insistir en la devaluación cuando entregó el último préstamo en septiembre, sería avaro si no apoyase el plan justo cuando el país abandona la paridad (...) Los tenedores de la deuda argentina son instituciones de uno u otro tipo. La mayoría le dará tiempo a Duhalde para construir un plan. Una reestructuración negociada es el resultado más probable, ya que nadie tiene interés en que la Argentina repudie ese sobresaliente monto".

65 La catarsis de Köhler está narrada en el libro *La salida del abismo*, de Eduardo Amadeo, ex vocero y embajador argentino en los Estados Unidos de Eduardo Duhalde. Amadeo ofició, desde ambos puestos, como traductor entre el gobierno argentino y el FMI durante aquellos meses y tomó notas de todo lo que vivió. Köhler gritó, según Amadeo: "En los últimos veinte meses me han acusado de todo lo imaginable con respecto a la Argentina. Ése es un proceso en el que parece que hay un único culpable y es el FMI. Ahora todos los países dicen que hay que encontrar una salida pero la tiene que encontrar el FMI: nadie quiere poner más dinero en la Argentina (...) Pero, además, ustedes tienen un problema muy serio, que son los propios argentinos. En las últimas semanas –y ya venía sucediendo desde antes– mi casilla de mail ha sido inundada de mensajes provenientes de argentinos que dicen 'no le presten a este gobierno, no los ayuden más, son unos delincuentes, se van a robar la plata' (...) Durante el último año, con esta misma mano derecha he firmado todo lo que la Argentina nos pidió. ¿Y dónde está ese dinero? ¿Qué se ha hecho de todo lo que acordamos? Allí donde está usted sentado, estuvo Cavallo. Y, contra mi opinión, en agosto le dimos ocho mil millones. ¿Dónde está ese dinero?".

66 En su libro *¿Economistas o astrólogos?*, el periodista Alfredo Zaiat, se pregunta: "¿Cuál ha sido el criterio de equidad para que Pérez Companc, ahora en manos de la brasileña Petrobras, recibiera el beneficio de la pesificación de sus más de 350 millones de dólares de deuda? ¿Qué motivo económico existía para que ese regalo se extendiera a Techint, cuando una de sus principales empresas, Siderca, terminó el año 2002 con una ganancia de 1.493 millones de dólares? ¿Por qué Amalita Lacroze de Fortabat se benefició con la pesificación de la deuda de 237 millones de Loma Negra, como también las privatizadas y el resto de las compañías que conforman el núcleo duro del poder económico? Pesificación-licuación más devaluación fue la combinación de una limpieza injusta e inequitativa de los pasivos de las empresas. Un ejemplo de semejante obscenidad fue la deuda en dólares de Pérez Companc en el sistema financiero local: se convirtió en 350 millones de pesos, que se redujo a 100 millones de dólares al tipo de cambio de ese momento. Pérez Companc vende petróleo, con precio internacional en dólares, y por lo tanto sus ingresos son en moneda dura. Lo mismo vale para la deuda de 310 millones de dólares de Repsol YPF".

67 A mediados de agosto de 2002, el propio Jorge Remes Lenicov describió la actuación de los lobbies empresarios –y también bancarios– a favor de la pesificación asimétrica. En un mail privado, dirigido a una docena de dirigentes peronistas para responder a una crítica del periodista Joaquín Morales Solá, Remes relató: "Pesificación asimétrica: Las devaluaciones en Argentina siempre licuaron depósitos y deudas. Por la promesa de Duhalde de devolver el valor en dólares de los depósitos se estableció para los mismos 1 igual 1,40 más actualización y tasa de interés... Por el lado de los préstamos hicimos lo mismo, excepto para los créditos de menos de 100.000... luego hubo presiones de los empresarios y también de los bancos, que en forma conjunta se reunieron con Duhalde y con nosotros. Los empresarios –prosigue Remes– decían que si aumentaba 40 por ciento su deuda, no la podrían pagar y los bancos entonces nada cobrarían: por eso que conjuntamente ambas partes acordaron plantear la pesificación asimétrica". El mail fue revelado por el periodista Julio Nudler, de *Página/12*, quien agregó que las gestiones fueron llevadas por ejecutivos como Carlos Giovanelli (Citibank), Enrique Cristofani (Río Santander), Emilio Cárdenas (HSBC) y Manuel Sacerdote (Boston), e industriales como Héctor Massuh, por la Unión Industrial Argentina, mientras José Ignacio de Mendiguren detentaba el Ministerio de la Producción y militaba en el mismo lobby. En el mismo mail, Remes sostenía que el Fondo Monetario mantuvo su respaldo a la Argentina durante el 2001 para dilatar la inevitable catástrofe, "dando tiempo para que los bonos [argentinos] que tenían los bancos y los [inversores] institucionales pasasen al chiquitaje y la mitad quedase concentrada en la Argentina". Algo similar afirma Remes "sobre algunos economistas que decían que la convertibilidad podía seguir funcionando, dando tiempo para que los grandes retirasen sus depósitos, fugasen 20.000 millones [de dólares] y quedase atrapado sólo el chiquitaje". Nudler describió en una nota posterior todo el proceso político que derivó en la pesificación asimétrica: "El lobby empresario sumó a los bancos a su causa, y en una amplia reunión, celebrada en el Salón Padilla del Ministerio de Economía, quedó decidido que la pesificación 1 a 1 regiría para todos los créditos al sector privado. Los banqueros expresaron allí que, tras haber estado analizando la cuestión con las empresas, coincidían en que, de no adoptarse esa decisión, sobrevendría una mora generalizada y el consiguiente deterioro de las carteras bancarias activas".

68 A mediados de noviembre de 2002, el gobierno argentino decidió no cumplir con pagos previstos al FMI y al Banco Mundial, incluyendo por primera vez a los organismos internacionales en el default de la deuda pública argentina. El ministro de Economía, Roberto Lavagna, sostenía que a la Argentina le quedaban 9.500 millones de reservas –apenas 300 millones más que los vencimientos comprometidos con los organismos hasta mayo, cuando estaban previstas las elecciones presidenciales–. Por eso, reclamaba la reprogramación de esos vencimientos. Pese a las advertencias de múltiples represalias contra el país, nada de eso ocurrió. La economía comenzó a crecer durante esas semanas y los vencimientos fueron finalmente reprogramados en enero del 2003, por la presión de los países del G-7 que desautorizaron así a la conducción del FMI. El nuevo acuerdo se firmaría, meses después, con el nuevo presidente Néstor Kirchner. En ese momento la economía argentina ya había reaccionado al impulso de la devaluación y eso dio margen para que la negociación fuera en otros términos.

CAPÍTULO 12

Treinta años

*Donde se discute si, finalmente,
todo tuvo algún sentido*

6 de julio de 2004

Quisiera terminar el diálogo sobre la crisis argentina con su opinión sobre todo el proceso completo de la deuda. En estos días se cumplen exactamente treinta años desde que Celestino Rodrigo cambió el modelo de acumulación en la Argentina y comenzó un período de endeudamiento disparatado para el país. Todo cambió desde entonces. La Argentina no es un país más justo, ni más integrado, ni más rico. ¿No es suficiente para concluir que, cuando sobra dinero en los países ricos, para los países pobres es una tragedia?

Me parece una conclusión demasiado simplista. ¿Qué me quiere decir, que los países que se endeudaron no tuvieron ninguna responsabilidad? La deuda tiene dos caras. La primera, cuando se recibe la plata: todos los gobiernos festejan y difunden que es una demostración de su credibilidad. La segunda, cuando hay que devolverla: todos se quejan. Los países desarrollados no empujaron a nadie a endeudarse. Todo lo contrario. Es cierto que los bancos comerciales y los bancos de inversión promueven los préstamos, en los países ricos y en los países pobres. Pero también es cierto que tomar prestado, en determinadas condiciones, tiene sus ventajas. El prestar y tomar prestado es un concepto moralmente neutro, salvo dentro de la ideología de la Edad Media que se transmitió como prejuicio a la América Hispana. Los gobiernos o empresas de países pobres no son frágiles desvalidos a los que se les puede vender el obelisco. Se endeudan, a veces bien, normalmente mal, y no necesariamente para robar, sino porque piensan que es buena idea. El FMI y las autoridades de los países industriales no pueden parar los préstamos, a pesar de que no les gusten, porque si un país en desarrollo no paga, terminan ellos pagando parte de la cuenta. Hay mecanismos de control desde hace años, pero es una transacción voluntaria entre dos partes adultas. El FMI, la Reserva Federal o lo que sea puede poner presión, pero no puede impedir el proceso. Por otra parte, el proceso de préstamos en mercados financieros ha tenido grandísimas ventajas para el mundo. El valor de los bonos, acciones, y activos bancarios en el mundo es tres veces el valor del producto mundial. Noventa por ciento está en el mundo en desarrollo, y 7 por ciento más en Asia. Pensar que el mundo financiero se fija en el restante 3 por ciento, es tener una idea desmedida de importancia. Además, la visión del pobre país desvalido es algo arrogante, y típica de los intelectuales iluminados de derecha y de izquierda. Los deudores, sólo se quejan de los costos y no se acuerdan de los beneficios. La gente vivió muy contenta en los períodos de endeudamiento. No se preguntaba si se generaba demasiada deuda cuando entraban los capitales.

7 de julio de 2004

¿No puede ocurrir que haya interdependencia, alianza, connivencia, entre quien ofrece el crédito que necesita ubicar porque le resulta un excedente, y quien lo acepta, y en última instancia no lo debe pagar personalmente porque se hace cargo el Estado que conduce? ¿Es absurdo –conspirativo, izquierdista– pensar las cosas así? ¿O es absurdo ignorarlas? ¿A usted no le sugiere nada que la Argentina aumentara su deuda durante las gestiones de gobiernos repletos de economistas ortodoxos y liberales, como fueron la dictadura en 1976 y el menemismo en los noventa. Martínez de Hoz, Cavallo, Roque Fernández, Alsogaray, Zinn, ¿fueron marxistas, anticapitalistas, enemigos de los Estados Unidos? ¿O fueron los gobiernos más afines al mundo financiero internacional que hubo en la Argentina? ¿No sabían que eran parte de un proceso irresponsable? ¿No habían estudiado lo suficiente?

El tema de la deuda no tiene tanto nombre y apellido. En los años setenta todos los países en desarrollo más o menos avanzados se endeudaron, debido al reciclaje petrolero, y no porque estuvieran los militares. En realidad, yo he visto exceso de endeudamiento en el Perú con un gobierno militar nacionalista, en gobiernos democráticos no ortodoxos en Venezuela y, ciertamente, en un período izquierdista en México. En la Argentina, el proceso siguió por muchos años sin denominación política. Estoy de acuerdo en que hay un posible entendimiento entre el prestamista (que, en general, es representante del que pone el dinero y no arriesga su propio patrimonio) y el deudor (un funcionario que no pagará de su bolsillo), pero eso es parte del proceso de endeudamiento a mediano y largo plazo. En la mayoría de los casos se paga y no hay problema. En otros, muy pocos, no se paga, y pasa lo de la Argentina. No dudo de que habrá habido transacciones ilegales y oscuras, y que se tientan prestadores y prestatarios, pero no creo en una conspiración general. No lo creo. Lo que sí siempre veo es un lamento de víctima sistemático de parte de los deudores, cuando tienen que pagar. Y, por supuesto, desaparece el concepto de continuidad institucional cuando un gobierno se hace cargo de la deuda de otro gobierno. Por último se olvidan muchas veces de los grandes robos inflacionarios entre depositantes y tomadores de préstamos dentro de los países, que es lo que ha llevado a que, por ejemplo en la Argentina, la gente no quiera ahorrar internamente. No es generoso el que presta: quiere hacer una diferencia. Pero tampoco es una víctima el que recibe el préstamo.

¿No hay una negación de la historia en sus respuestas? ¿No es cierto que el proceso de endeudamiento comenzó cuando los bancos occidentales necesitaban colocar desesperadamente sus excedentes de petrodólares? ¿No fueron los gobiernos locales funcionales a esa necesidad? ¿No se inició allí todo el proceso que terminó con la Argentina como sociedad integrada?

8 de julio de 2004

Le acepto que ésa es una parte de la historia. Pero la Argentina es un caso claramente extremo. En el mundo hay hoy un serio problema porque existe un proceso de crecimiento importante que está siendo acompañado por otro proceso, paralelo, de concentración de los beneficios de ese crecimiento. En este contexto, los más educados se apropian de la mayor parte de esa nueva riqueza. Eso se dio de manera muy fuerte en la Argentina. En el resto del continente, durante los últimos treinta años, la situación de pobreza –por ejemplo– ha ido mejorando levemente. En la Argentina y el Uruguay no ha sido así. Me parece que su pregunta central es, de alguna manera, válida: ¿qué ganó la Argentina luego de treinta años de inclusión en el mundo financiero internacional? Ésa es la gran pregunta. Y la contestación no es lineal. Coincidimos en que no fue un gran negocio.

¿En qué sentido lo dice usted?

En los años setenta se produjo un gran robo en la Argentina. El capital financiero inundó el país, como parte del proceso de reciclaje de los petrodólares. Cuando eso se terminó, apareció la crisis de la deuda. Se había invertido todo mal. Y no había una contraparte productiva. El país estaba quebrado.

9 de julio de 2004

Y eso condicionó todo lo que vino después. Se privatizó como se privatizó para satisfacer a los bancos que todavía tenían papeles inservibles. Se vendió hasta YPF, que había sido endeudada durante la dictadura militar, como mecanismo para acceder a divisas que financiaran aquella fuga de divisas. ¿Entiende usted cómo aquella deuda obligó a la Argentina a garantizar cada vez más y mejores negocios para el capital financiero? ¿No es lógico que todo terminara como terminó?

10 de julio de 2004

Es lógico pero no era completamente necesario. El reciclaje de los petrodólares abrió un montón de mercados. Allí aparecieron los muchachitos de Wall Street que estaban conociendo el mundo, tenían menos de treinta años. Y prestaban miles de millones de dólares sin pestañear. Los presidentes los recibían. Y ellos seguían prestando. Era un ida y vuelta con responsabilidades compartidas. Cuando todo estalla, quedan las ruinas. En los tiempos del gobierno militar, yo estuve en la Argentina. Me preguntaron cuál era la situación del país en relación con su deuda. Y dije que dada la información existente, el país no tenía ningún problema. Menos mal que incluí esa salvedad, porque la mitad de la deuda no estaba registrada. Todos los organismos del Estado se endeudaban sin ningún tipo de límite, y particularmente el Ejército, la Marina, la Aeronáutica. Tenían carta blanca. Sobraba dinero por todos lados. Y era difícil encontrar gobierno que se resistiera. Con el tiempo, nos daríamos cuenta de que son procesos cíclicos.

En los ochenta, el desafío era limpiarse lo más posible. Transformar una locura en una situación controlable. Chile lo hizo. A mí me parece que en 1982, Chile estaba peor que la Argentina. Venía de tipo de cambio fijo, régimen ultraliberal, sobreendeudamiento. El resto de la década lo utilizó en transformar todo ese proceso en algo controlable. Básicamente, no se endeudó de nuevo de manera irresponsable. Impuso una política fiscal razonable. Y, lentamente, el país comenzó a crecer y la relación deuda-PBI bajó a niveles razonables. México también intentó hacerlo, pero anduvo a los tumbos, entre otras razones, porque en 1987 lo afectó dramáticamente la crisis del petróleo que es su principal fuente de ingresos. Después del Tequila, y tras numerosas reformas, encontró el camino. La Argentina, como decía Alfonsín, no quiso, no supo o no pudo hacerlo. Y en la época de Menem se reprodujeron los peores vicios, en el marco de un proceso que tuvo algunas reformas positivas: tipo de cambio fijo, sobreendeudamiento, fiesta financiera, aun en el marco de un proceso que tuvo algunas reformas positivas. ¡Es increíble que se hayan gastado toda la plata de las privatizaciones! Es como si la Argentina estuviera siempre diez años atrás en la aplicación de políticas. De cualquier manera, es verdad que los excedentes financieros de los países centrales representan, para los países más débiles, tanto un riesgo como una oportunidad. Algunos países, como Chile, lo aprendieron en los ochenta. Aquella crisis fue un aprendizaje y hoy Chile tiene el menor nivel de pobreza del continente y hasta tiene espacio para tomar medidas heterodoxas. No me pregunte qué va a pasar con la Argentina. Me he cansado de hacer pronósticos fallidos. Apenas me atrevo a decir que Lavagna está haciendo las cosas bien. Pero esto recién empieza. No voy a decir –como nadie lo va a decir en el mundo– que tengo esperanzas. Ya se dijo eso demasiadas veces. No me va a escuchar nunca más pronunciar la frase: "Fuimos demasiado optimistas". Dejemos, por una vez, que la realidad supere nuestras expectativas.

CAPÍTULO 13

Argentina vs. Brasil
Un clásico

Pequeños apuntes sobre el futuro*

* Este capítulo es el único que no respeta la cronología del reportaje: el anterior termina en agosto y aquí se vuelve a mayo. Insertarlo en el momento real en el que se produjo hubiera distraído al lector de la crónica de la crisis argentina. El diálogo fue disparado por una nota del *The New York Times* publicada el 9 de mayo, donde se aludía al supuesto alcoholismo del presidente brasileño Luiz Ignacio Lula da Silva. Aunque no está directamente relacionado con la actuación del FMI en la Argentina, fue incluido porque permite, a juicio del autor, percibir las dificultades que enfrentarán, hacia el futuro, los países de la región.

10 de mayo de 2004

Ayer salió en The New York Times[69] *un artículo donde se sostiene que Lula sufre de alcoholismo. ¿Qué le pareció?*

Leí el artículo del *The New York Times* y me pareció, al mismo tiempo, equilibrado e irrelevante. Entiendo la irritación de los brasileños, pero eso no le quita irrelevancia. ¿Por qué usted le da importancia?

Cuando lo leí, agradecía, de alguna manera, que la Argentina estuviera en default.

No veo la relación.

Me hizo acordar mucho a Fernando de la Rúa. Brasil es un país sometido a los dictados del riesgo país y todo se empieza a debilitar de tal manera que no importa quién sea el Presidente, éste comienza a perder autoridad por cualquier razón, y sus defectos personales —que cualquiera los tiene— se convierten en motivo de burla en el país y en el mundo.

No comparto la analogía entre Lula y De la Rúa. Le diría que está en el límite del absurdo.

Quizá no la comparte porque no vivió aquí en esos años. Hay demasiadas cosas parecidas: la necesidad de refinanciamiento permanente que obliga al gobierno a dar señales a los mercados financieros, y por eso aplican políticas que aumentan la crisis social y debilitan el consenso político. Es calcado. Como si nadie –y particularmente el FMI– leyera la historia reciente. Yo tiemblo de pensar que la Argentina pueda volver a vivir una situación semejante.

Hay diferencias muy importantes que usted pasa por alto. Por ejemplo, la relación entre deuda y PBI en el Brasil actual es mejor que en la Argentina del 2001. Además, la deuda en dólares es relativamente baja y el resto es deuda interna, mayoritariamente sin vínculo con el tipo de cambio, es decir, que no crece si se devalúa la moneda. Hay preocupaciones pero se trata de una deuda manejable.

Son también muy sólidas las políticas monetaria y fiscal, lo que genera una capacidad de aguantar shocks que antes la Argentina no tenía. El Brasil tiene tipo de cambio flexible, lo que despolitiza el problema de movimientos cambiarios. Hay una recuperación económica más que incipiente. Los partidos políticos, salvo la izquierda del PT, apoyan al gobierno, aunque lo critiquen. El equipo económico es respetado interna y externamente. El presunto alcoholismo de Lula es un escandalete que no pasará a mayores. La economía brasileña es competitiva, y los precios internacionales están muy bien. Lula tiene muy en claro qué quiere hacer con la economía (más que su partido) y cuenta en su equipo con gente de calidad teórica y práctica. Hay siempre una ilusión "malsana" en la Argentina, según la cual el Brasil es insostenible. Eso no es cierto, a mi modo de ver. Las autoridades económicas del Brasil tienen una ventaja: sienten que son ellos los que conducen el proceso. No recurren al Fondo Monetario o a los Estados Unidos como si fueran sus papás.

Entonces es un paraíso. Es incomprensible la preocupación mundial por el Brasil.

No es un paraíso. Pero está muy lejos de lo ocurrido con la Argentina en el 2001.

¿Cómo se explica, entonces, el salto de 300 puntos del riesgo país durante las últimas semanas? ¿Cómo explica que luego del año y medio de Lula –y los cinco de Cardozo– el país aparezca una y otra vez al borde del abismo?

Son doscientos y no trescientos puntos. Yo entiendo a los diarios que tienen que dar noticias todo el tiempo. Pero los analistas no deberíamos correr ante cada variación numérica. Eso sería correr irracionalmente detrás del último datito, como lo hacen muchas veces los banqueros simplistas. Yo no digo que la situación del Brasil sea sencilla. Pero, para cualquier observador desapasionado, su manejo de la crisis ha sido mejor que el de la Argentina. No tiene, insisto, nada que ver, la situación argentina del 2001 con la que enfrenta Lula.

¿Qué peligros percibe para la economía brasileña? ¿Piensa que luego de estos años de ajustes ha comenzado un camino de crecimiento? ¿O su optimismo llega sólo al nivel de sostener que, de acuerdo con datos objetivos, el Brasil está en condiciones de manejar la crisis mejor de lo que lo hizo la Argentina?

11 de mayo de 2004

Creo que el Brasil está creciendo, con dificultad pero en forma sostenida. Es mejor, sin duda, una política sostenida –aunque sea imperfecta– que los vaivenes y barquinazos de la Argentina. En esa situación, se puede producir un escenario optimista y otro pesimista. Yo me inclino más por el primero: me parece que los mercados se van a tranquilizar cuando finalmente se convenzan de que la economía tiene flexibilidad, se mantendrá el nivel actual de tasas de interés, la deuda se estabilizará, y la desaceleración china se compensará con el crecimiento norteamericano. Así, el Brasil irá creciendo como hasta ahora: de a poco, pero sistemáticamente. En el escenario pesimista, los mercados seguirían asustados, las tasas internas subirían mucho, la deuda se haría muy cara y empezaría un ciclo explosivo. En ese contexto, no se podría renovar la deuda interna, mientras que la actividad económica se deterioraría y la desaceleración china tendría un efecto adverso sobre las exportaciones. Así, deberían renegociar la deuda interna y se produciría una corrida sobre el real. El tipo de cambio se depreciaría y subiría la inflación. Aun dentro de este esquema, la combinación de tipo de cambio flexible y aumento de las tasas de interés permitirían el control de la situación. De todos modos, insisto, me inclino más por el primer escenario.

Me impresiona, una vez más, que todo dependa del grado de "susto" o "confianza" de los mercados financieros. Es una situación extremadamente frágil.

No es una novedad. Ciertamente que los mercados, en el corto plazo, son erráticos. Como decía Michael Douglas en la película *Wall Street*: los dos factores que mueven el mercado son codicia (*greed*) y miedo (*fear*). Hoy están asustados.

Sé que no es una novedad. Me impresiona que lo diga usted que, al mismo tiempo, sostiene que un país debe seguir sus mandatos: el destino de cientos de millones de personas depende de que su Gobierno convenza a un grupo de locos mareados por la codicia y el miedo.

A largo plazo, si un país es coherente y racional en el manejo de su deuda, gana autonomía. Y los locos se serenan. Es la única manera de calmar el miedo y ser atractivos nuevamente para los mercados de capital.

¿Y no sería mejor para ese país explorar la manera de desengancharse de los locos, de buscar ser ellos quienes ponen condiciones a los mercados de capital y no viceversa?

12 de mayo de 2004

Yo creo que su descripción es exagerada. Se la admito porque forma parte del folklore. Los locos no son tan locos. Así funcionan los mercados financieros. La idea, tan habitual, de desengancharse de ellos omite los costos que, si se mira la experiencia argentina, son tan evidentes.

Ya llegaremos a la comparación. Antes le quiero enviar dos análisis muy cortos que aparecieron hoy en el diario La Nación. Es importante este último dato porque se trata de un medio que, básicamente, está de acuerdo con las políticas de Lula, y más cerca de sus posiciones que de las mías. Esto escribió, Nestor Scibona, el columnista principal de economía de La Nación:

Guste o no, los mercados de capitales tienen su lógica. Y esa lógica indica hoy que se avecina un aumento en las tasas de interés de los Estados Unidos, lo cual traerá problemas a los países emergentes, con el Brasil a la cabeza. A partir de este punto, los operadores dejan de razonar para actuar en forma de manada: desarman inversiones de riesgo para mantener liquidez hasta ver cómo termina la película. El recuerdo del efecto tequila, precedido por un fuerte aumento en las tasas de interés de los Estados Unidos, les hace descontar un próximo efecto caipirinha (...) con una suba de tasas, el Brasil paga los platos rotos por su alta deuda que debe renovar permanentemente. Esto es lo que se vio en las últimas jornadas, con los inversores huyendo del mercado brasileño, el dólar trepando por encima de los 3 reales y la tasa de riesgo país de 450 a 750 puntos.

Así describió hoy La Nación el proceso brasileño:

Si la tasa de interés norteamericana aumenta se producirá lo que en la jerga del mercado se conoce como "fly to quality", es decir, un vuelo hacia la calidad de mercados más confiables. En ese caso, el Brasil, que junto con China es el país en desarrollo que más capta inversiones financieras, sentirá el golpe. Aproximadamente, el 9,45% del producto bruto interno (PBI) brasileño se destina al pago de "servicios de deuda", es decir, pago de intereses de los títulos públicos. Como el país tiene un superávit fiscal primario de 4,25%, depende de que los 4,20% restantes, algo así como 40.000 millones de dólares –cifra que varía según la cotización del dólar y la oscilación del PBI–, necesitan ser captados en el exterior. Una parte viene en forma de inversiones directas y productivas, pero el resto son invariablemente capitales "golondrina", atraídos por intereses de casi un 11% al año (descontada la inflación). La turbulencia, por lo tanto, se resume a una pregunta: ¿si los capitales financieros no llegan, porque eligen otro destino, cómo va a hacer el Brasil para cerrar sus cuentas y cumplir los compromisos con los acreedores? Por ese motivo, para continuar siendo atractivo para esos capitales, el Brasil está obligado a mantener altas sus tasas de interés. Al mantenerlas así, el país no crece –cayó un 0,1% el año pasado–, y también deja de ser atractivo como polo de inversiones. Además, obviamente, de generar tensiones políticas y presión contra el gobierno para que altere el rumbo de la política económica y flexibilice su política fiscal.

¿También son ignorantes? Después de todo lo que hablamos sobre la Argentina –sobre todo, los errores de análisis del Fondo–, ¿no le generan dudas sus propios análisis? ¿No es suicida imponerle, otra vez, un ajuste a un país en recesión?

No se puede analizar al Brasil fuera de perspectiva. Leí muchas cosas parecidas a lo que dice *La Nación*. Los periodistas siempre extreman los análisis. Noticia tranquila no vende. He leído infinidad de análisis así durante los últimos cinco años. Y el Brasil no cayó. Si alguna vez cae, van a decir que tenían razón y nadie recordará que, hasta ahora, venimos teniendo razón quienes pronosticamos que va a resistir. Desde que asumió Kirchner recibí innumerables llamados para preguntarme si la manera en que encaraba las negociaciones con el Fondo era el fin del mundo. Siempre contesté que me parecía que el Gobierno jugaba al póker. Mis amigos periodistas se enojaban conmigo porque mi interpretación era más equilibrada.

Yo no ignoro los riesgos. Pero son eso: riesgos, no realidades.

Nadie está en desacuerdo con que los ajustes son muy complicados para economías en recesión. Pero ya es suficiente con su insistencia. El problema es cómo se financian políticas alternativas. No es sencillo. En el mundo se está pensando en cómo construir fondos para ayudar a países en recesión y con problemas serios de deuda. Pero, repito, no es sencillo.

Además, hay análisis para todos los gustos. Hoy mismo fue difundido un cable de la agencia Dow Jones[70] donde cita a los economistas que no coinciden con los pronósticos pesimistas para el Brasil y América Latina. Allí aparece Anoop Singh, analistas de Think Tanks destacados y de consultoras financieras muy importantes como Moody's. Le quiero insistir en que no está definida la caída del Brasil.

¿Admite, al menos, que pese al esfuerzo, a su superávit excepcional, el Brasil cada año se endeuda más y la relación deuda/PBI empeora? ¿Es decir, paga y paga y paga, pero cada vez debe más? ¿No le parece que el escenario es pesimista aun cuando se cumpla el escenario optimista, aun cuando no "caiga" el Brasil?

Por momentos me parece que el objetivo de evitar la "caída" del Brasil es tan legítimo como módico.

No tiene importancia que el país se endeude más, si las políticas que aplica le permiten acceder al financiamiento. No es bueno pero es sostenible, como ocurre en otros países desarrollados. Es verdad que las perspectivas no son para descorchar botellas de champagne. La realidad existe y no se la puede evitar. Pero el Brasil está creciendo. Perdón: el Brasil ha crecido –poco, pero lo ha hecho– durante los últimos seis años, con la única interrupción del 2003. Eso es lo importante.

Le quiero contar cómo ve al Brasil un periodista como yo:

1- Pese a haber comenzado muy por debajo de la Argentina, en la segunda mitad del siglo XX, el Brasil despegó en la región gracias a una estrategia de industrialización que respetaron civiles y militares. Eso generó una "burguesía nacional" y, como consecuencia, una clase dirigente que defiende, al menos en parte, los intereses de ese sector industrial, al que Argentina sostuvo hasta –más o menos– 1975 y después abandonó a su suerte.

2- No escapó al proceso de endeudamiento –ineficiente en el corto plazo y letal en el largo– impulsado por el excedente de divisas existente en el mundo desarrollado luego de 1973 –y aceptado por todas las dictaduras militares de la región–. Eso marcó a fuego el actual proceso (las deudas, como se sabe, a veces se refinancian, a veces generan crisis, a veces obligan a aceptar políticas que, como vimos en todo este diálogo, son discutibles).

3- La política exterior brasileña es absolutamente coherente: desde la Segunda Guerra Mundial se alinea con los Estados Unidos en temas políticos pero defiende los intereses comerciales brasileños todo el tiempo y busca espacios de autonomía.

4- Lo mismo ocurre con la política económica interna. El Brasil resistió la presión norteamericana para cambiar la ley de patentes, y jamás se le hubiera ocurrido implementar un plan de privatizaciones masivo. Por ejemplo, preservó Petrobras en manos del Estado.

5- El Brasil no logró superar jamás su principal drama: es la octava o novena potencia mundial, pero tiene los índices de pobreza mayores del continente y el peor coeficiente de distribución del ingreso de todos nuestros países.

6- Desde la asunción de Fernando Henrique Cardozo –es decir, hace casi diez años– Brasil adoptó políticas ortodoxas. Diez años después, con escenarios optimistas o pesimistas, sigue siendo foco de interés mundial por su inestabilidad. Eso hizo que, pese a un muy moderado crecimiento, sus problemas sigan allí donde estaban. Es decir, el Brasil maneja hasta ahora mejor que otros sus crisis. Pero no sale de la crisis.

¿Usted coincide?

14 de mayo de 2004

Parcialmente. Me parece que de esa descripción se pueden obtener conclusiones incorrectas. Es difícil saber por qué un país deja atrás a otro en su proceso de desarrollo. Es verdad que el Brasil ha sido más coherente que la Argentina en todo: tanto en su política industrial –muy discutible– como en la aplicación de políticas ortodoxas. Es una clase dirigente, sin duda, más coherente. No salta de un extremo al otro en cuestión de minutos. Pero las razones del desarrollo son discutibles. En general, se observa que países como la Argentina, Brasil, Chile, India, China (o Japón y Corea en su momento) son países con potencial, ya sea humano o de recursos. Hay momentos de su historia en los que asumen un modelo de crecimiento –ya sea del tipo de sustitución de importaciones o del modelo exportador–, lo sostienen con consenso y alta inversión externa o interna, y se produce entonces un crecimiento fuerte, muchas veces por encima de la media mundial. Se piensa entonces que el crecimiento es el resultado de un nuevo paradigma y que, además, es exportable a otros países. La evidencia muestra que, en realidad, en muchos casos, se trata de un proceso de "catch up", que se podría traducir como de "ponerse al día". Esto ocurrió varias veces en la Argentina: a fines del siglo XIX o en los cuarenta como el comienzo del proceso de sustitución de importaciones, en Brasil en los sesenta, en Corea a partir de los cincuenta, etc. El crecimiento de este tipo tiene éxito pero también vida limitada y cuando se acaban estos saltos cualitativos, se vuelve a un crecimiento más normal. En América Latina se consideró que se estaba frente a un modelo nuevo, y la Cepal de Naciones Unidas tomó este modelo, basado en las ideas de Raúl Prebisch y otros –incluso Fernando Henrique Cardozo, gran crítico del mercado en los sesenta y setenta–. Sin embargo, como consecuencia de la crisis de la deuda, donde se endeudaron como locos (en contra, muchas veces, de nuestros propios consejos) y la recesión internacional, las debilidades del modelo quedaron a la vista, con incapacidad de generar exportaciones, sectores internos muy débiles, e independientemente del color político del gobierno de turno: militar, popular, demagógico, conservador, etcétera.

La interpretación que se dio a ese fracaso fue muy dramática y se culpó al cambio de sistema político. A mi juicio, fue el agotamiento de los cambios en productividad fáciles. Para la Argentina desde los cincuenta-sesenta, el Brasil desde los setenta, y Chile desde los sesenta, lo que quedaba por delante no era ya el modelo milagroso, sino el del trabajo arduo, lento y de construcción. Quizás en la Argentina y el Brasil, acostumbrados a sus riquezas amplias, creyeron que no hacía falta, y se mantuvo la aventura irresponsable, con grandes problemas de política económica. Pero la solución tipo Mandrake, rentista y milagrosa, no existe para nadie, ni para los latinoamericanos, los europeos o los sauditas. Por cierto que hubo cambios importantes, y –si se observan los indicadores generales de la región (excluyendo la Argentina)– se notan mejoras importantes a través del tiempo.

Es cierto que el problema de equidad no mejoró en la región, que tiene los peores indicadores de distribución. Pero han ido mejorando lentamente los indicadores de pobreza. Es cierto que esto está relacionado también con el problema de la distribución de los activos, problemas de educación y de salud, pero también es cierto que algunos estudios, en el Brasil, muestran que la clase media ha ido creciendo en importancia, y algo que me dejó sorprendidísimo: la mitad de las personas que entraron en la clase media brasilera tiene padres que no fueron a la escuela o no la terminaron.[71]

La pobreza, y en menor medida la distribución, no se combate con medidas fáciles. Si me permite una opinión, le diría que el primer factor, el principal por lejos, para generar una política redistributiva, es la educación. No me refiero al aumento a los docentes, sino a una inversión inteligente y masiva en el área. A mí me sorprende cómo la educación no figura en el discurso político argentino. Hay una sola área donde, después de tanto tiempo de observar las sociedades más diferentes, yo soy determinista: la principal causa, tomada en sí misma, del desarrollo, es la educación de la gente. Los campeones en esa área son los asiáticos. Lo que mejor marca la diferencia entre Asia y América Latina, es que en cuarenta años la población pasó de tener tres años menos de educación, en promedio, a unos tres o cuatro más. Todos subieron, pero ellos más. Eso no tiene nada que ver con la presión de la deuda o las políticas ortodoxas o proteccionistas: son cuestiones de gestión, de esfuerzo, de tenacidad, de mirada de largo plazo.

Realmente, es una descripción interesante. Ahora: ¿por qué el Brasil, durante el siglo pasado, dejó a la Argentina tan atrás? Si fue un proceso de "catch-up", parece haber sido uno más eficiente, o inteligente, o sólido, o coherente —no sé— que el argentino. De hecho, la industria de Brasil sobrevivió a los noventa y la Argentina, no. ¿Qué hicieron tan bien? La respuesta clásica es: fueron coherentes con un proyecto nacional, heterodoxos, no dogmáticos. ¿Está de acuerdo?

15 de mayo de 2004

Por cierto que creció y ciertas industrias se mantuvieron, pero hay que reconocer que es un país más grande y que por eso pudo aprovechar economías de escala. La Argentina había crecido antes, por varias razones. Cuando el Brasil creció, lo hizo a su escala y pasó a la Argentina. Todos los países han perdido industrias.

Ocurrió con la Argentina, con el Brasil, pero también con los EE.UU. y la Unión Europea, porque con o sin protección no pueden competir con los países de menores costos de mano de obra en textiles y áreas parecidas. Por supuesto, que hay sectores todavía muy protegidos en el Brasil, pero son los que constituyen el lastre al crecimiento económico, y son una fuente incalculable de pérdidas para la sociedad en su conjunto, porque la protección y los subsidios son un impuesto a la gente, y no al resto del mundo. Creo que en el Brasil son heterodoxos pero también dogmáticos. Los industrialistas piensan que producir internamente es bueno en toda circunstancia y que la competencia es mala. Tiene industrias nefastas aunque también se están abriendo. Por supuesto, han crecido y el ingreso de todos los sectores creció también, pero podrían haberlo hecho en forma más eficiente y con mejores resultados.

¿Conoce Rosario? A mí me impresiona Rosario. Sobre todo, el Gran Rosario. Lo conocí a mediados del 2002 cuando fui a cubrir una noticia impactante: en una autopista había desbarrancado un camión que llevaba vacas; de una villa miseria cercana, aparecieron cientos de personas, como hormigas, y las carnearon vivas para poder comer carne. Le pregunté a la gente de qué trabajaban. Todos habían trabajado en fábricas del Gran Rosario... ¡que ya no existían! Habían desaparecido durante la década del noventa. Fui al Gran Rosario y, efectivamente, era un cementerio de fábricas. Galpones vacíos. Cientos de galpones vacíos donde se habían fabricado desde motores para heladeras hasta zapatos (¡en los últimos años de la convertibilidad hasta se importaban los productos de cuero desde el Brasil!). Pensaba en

eso cuando usted describía a las industrias brasileñas como "nefastas". En la Argentina de los noventa sufrimos ese tipo de afirmaciones. Otra vez, es imposible no recordar a Stiglitz, cuando dice:

* Los técnicos del FMI recomiendan para los países políticas que pensarían dos veces antes de aplicarlas si los afectados fueran miembros de sus familias.
* La globalización hasta ahora ha implicado que los países ricos impusiéramos en los países más pobres medidas que nosotros no aplicamos internamente.
* El modelo de crecimiento del sudeste asiático fue sustancialmente diferente de las recetas sugeridas por el FMI, con industrias muy vinculadas al Estado y procesos de apertura muy graduales.

A mí me parece, como mínimo, que los economistas ortodoxos representan un extremo, muy poco flexible, cuando observan las realidades de nuestros países. San Pablo, por ejemplo, tiene la mayor desocupación de su historia luego de una década de políticas ortodoxas. ¿Qué más tiene que hacer Lula? ¿Deshacerse de sus empresas ineficientes? ¿A cambio de qué, de un crecimiento que se va a dar si todo lo demás se hace bien, si durante todo ese tiempo tiene consenso político, si los mercados no entran en pánico por alguna razón?

Usted tiene una visión inteligente, compasiva y muy difundida en la Argentina y en el mundo. Pero también es una visión dogmática, que se alimenta a sí misma todo el tiempo y pierde de vista fenómenos más amplios. Conozco la ciudad de Rosario y conozco su tragedia, que por cierto explotó después de la crisis del 2001, aunque le reconozco que antes ya tenía problemas muy serios. Rosario creció, es verdad, como consecuencia de las políticas de desarrollo de años anteriores y se desarmó al abrirse la economía. Es una historia que se ha repetido mundialmente, cuando cambiaron las políticas. El crecimiento de Rosario se produjo en los años cincuenta cuando las políticas del momento destruyeron el campo y llevaron a la masiva migración a ciudades como Buenos Aires y Rosario, y dejaron –a su vez– pueblos fantasmas en las provincias. Independientemente del grado de protección, Rosario sufrió el destino de industrias no sólo en la Argentina sino en todo el mundo, al enfrentar los cambios que surgieron con la integración. En la historia del mundo, además de Rosario, también sufrieron Manchester, Detroit, Cleveland, el Ruhr, cuando –a pesar de políticas proteccionistas– muchas actividades cambiaron de lugar. Quizás en la Argentina olvidamos que la apertura revivió las pequeñas ciudades de la Pampa, quizá Neuquén, lugares patagónicos, o Bahía Blanca. La gran tragedia fue la incapacidad o falta de voluntad de cobrarle a los que ganaron, que no fueron sólo los ricos, a fin de ayudar a los que perdieron. Porque estoy convencido, que hubiese alcanzado para todos, y eso es parte de la filosofía ortodoxa.

Ésa es la parte de la filosofía que nunca aplican.

Es cuestión de la clase dirigente argentina. El proceso de los noventa hubiera podido realizarse de manera socialmente más integrada. De alguna manera, nosotros tuvimos parte de la responsabilidad. Era un tema que no se enfatizaba. Estábamos convencidos de que se iba a solucionar per se. Pero no le achaque esos defectos a la filosofía ortodoxa.

Es que fueron los ortodoxos quienes nos gobernaron. Yo no sé lo que dicen los manuales. Pero cada vez que gobiernan ocurre lo mismo. Se me ocurren miles de ejemplos. Decían que iban a privatizar para mejorar el funcionamiento de la salud, la educación, la justicia, la seguridad. El negocio lo hicieron. La segunda parte, en cambio, se la olvidaron. Siempre se olvidan, los ortodoxos, de ese pedacito.

16 de mayo de 2004

No es así. En Chile también se aplican políticas ortodoxas y la pobreza ha disminuido radicalmente. Nadie le va a decir que por eso son heterodoxos.

En Chile –usted sabe bien– no fueron tan "ortodoxos" como en la Argentina: aplicaron control de cambios, mantuvieron gran parte de la exportación de cobre en manos del Estado, no desandaron el camino de la reforma agraria impuesto por Salvador Allende, fomentaron ciertas industrias.

Son matices. Ya discutimos lo del control de cambio: fue inteligente y moderado. Ni yo ni el Fondo, a priori, estamos en desacuerdo con las empresas estatales eficientes. Tenemos, sí, más confianza en la manera en que el sector privado asigna los recursos. Pero no es una cuestión ideológica férrea. Y, en última instancia, no nos corresponde opinar sobre el tema. Los argentinos, en todo caso, deberían discutir por qué en Chile las cosas funcionaron –con políticas, le repito, básicamente ortodoxas– y en la Argentina todo sale mal. Es una cuestión de la Argentina no de la economía ortodoxa.

Como principio, creo que no puede haber distribución equitativa sin eficiencia. Si un Estado débil subsidia a industrias ineficientes, se queda sin dinero para promover, por ejemplo, la educación. Es cuestión de opciones. Es verdad que se discute mucho cuál es el proceso de transición de una situación a la otra. Pero está claro que Somisa, con una planta de 5.000 empleados gana y exporta más que antes con una planta de 25 mil. Una economía como la Argentina no puede darse el lujo de mantener semejante barbaridad.

¿Hay forma de medir los costos —además de la infinidad de dramas personales— de generar una sociedad desintegradas, con millones de excluidos?

Son inmensos. Por eso, los países deberían ser serios al pensar cómo una sociedad se hace eficiente sin incurrir en esos costos. San Pablo también sufre de crecimiento excesivo. Dentro del Brasil ya hay zonas de mayor dinamismo, menor tamaño y gran potencial. La gente se mueve despacio, se reorienta con el tiempo. Cada vez que discuto esto, se me aparece una vieja frase de Paul Samuelson, un gran premio Nobel de Economía. Dijo que había cuatro tipos de países: desarrollados, en desarrollo, Inglaterra y Argentina. Inglaterra salió de su letargo. La Argentina sigue como está. Curioso, ¿no? ¿Será todo culpa de una conspiración de banqueros rapaces? ¿O habrá alguna mínima responsabilidad local?

18 de mayo de 2004

No quiero pasar a otro tema sin antes discutir un último punto sobre el Brasil. Si, como usted sostiene, un proceso de crecimiento sostenido es sumamente complejo y requiere un esfuerzo tenaz y coherente durante largos años, me parece lícito preguntarse una vez más cómo afecta a ese esfuerzo el enganche del Brasil con los humores –los pánicos, la codicia–del sistema financiero internacional. ¿Cuánto tiempo se pierde por satisfacer la necesidad de controlar el riesgo país? ¿Cuánto se debilita la situación institucional o la infraestructura del país? A mí me parece que –pese a las diferencias– eso ocurrió en la Argentina en los noventa y eso ocurre en países como el Brasil.

Yo no ignoro esos problemas. Habría que ser necio para ignorarlos. Existen. Como siempre, habría que preguntarse si la alternativa es mejor. Es decir: suponiendo que el Brasil pueda aguantar sin explotar –como yo creo–, y que a lo largo del tiempo vaya pudiendo crecer, ampliar mercados de exportación, mejorar su sistema educativo, ¿no es mejor apostar a esa alternativa que caer en el default? Los números parecen sostener esa hipótesis. Mire este cuadro. Son los PBI comparados de toda la región. Se toma diciembre de 1996 como 100. Y así evoluciona cada país hasta el 2004.

Argentina	97,2
Brasil	112,3
Chile	122,1
Colombia	110,7
Ecuador	115,1
México	122,8
Perú	116,6
Uruguay	93,2
Venezuela	91,5
América Latina	113,2

Eso significa que sólo Uruguay (por contagio del vecino) y Venezuela (ningún adalid del neoliberalismo) tuvieron una perfomance peor que la Argentina. El Brasil está mejor que la Argentina un 13 por ciento respecto del punto inicial, Chile un 23 por ciento, Perú un 18 por ciento y México un 24 por ciento. Argentina va a tener que trabajar mucho y los otros poco para poder llegar a alcanzar la posición relativa que tenían en 1997, año en que la región estaba bien. Hay que ajustar los números por crecimiento per cápita, pero no afecta demasiado el cálculo. En todos los casos, menos en Venezuela, y hasta muy tarde Uruguay, los países se movieron a tipo de cambio flotante (devaluación) y hubo momentos difíciles como en el Brasil, México y Perú, y con programas en todos menos en Chile, donde las políticas se aplican igual. No da la impresión de que a la Argentina le haya ido demasiado bien con el default.

Hace trampa.

No. Los datos son los datos. Está bien especular sobre alternativas, pero después aparece la realidad y, como usted siempre dice, está en juego la vida y el futuro de millones de personas. Pensar en el default como una alternativa posible es suicida. En todo caso, si ocurre —como en el caso argentino— el país y el mundo verán cómo enfrentarlo. Pero no es lo mejor para la gente. Si quiere, además, le agrego la evidencia del crecimiento de pobreza e indigencia desde la declaración del default.

Me parece que los números lucirían distintos si se tomara diciembre de 2001 como 100. Es decir, ¿cómo

evolucionaron, comparadas, las economías del Brasil
y de la Argentina desde que esta última declaró el de-
fault? ¿A quién le fue mejor?

21 de mayo de 2004

Éstos son los datos. Le mando otro cuadro. Si diciembre del 2001 se toma como cien, así estarían los dos países hoy.

Argentina   102,2
Brasil   105,3

Si se fija bien, están casi iguales, pero la población argentina tuvo que sufrir una situación tremenda en el medio y los indicadores sociales empeoraron muchísimo en la Argentina –todavía la pobreza está diez puntos por arriba que la de diciembre de 2001–, mientras que los del Brasil se mantuvieron estables o crecieron levemente. En los últimos tres años, en ningún país del continente la pobreza creció tanto como en la Argentina. En toda su historia, la Argentina estuvo muy por debajo de la línea de pobreza promedio del continente. Hoy, aún dos años y medio después de la devaluación, la supera. La interpretación hay que hacerla con cuidado, ya que el Brasil crece casi siempre y la Argentina, no.[72] La conclusión es que no hay países que puedan vivir tranquilos, incluso el Brasil y la Argentina. En el Brasil se improvisó a veces, y con el famoso "jeitinho"(truco) pensaban que podían vencer a los mercados. La respuesta es: traten de mantener un nivel de deuda bajo. No dejen de pagar, hagan el esfuerzo. Fue Shakespeare quien dijo, creo: *"Neither a borrower or a lender be"*. No hay que endeudarse, sino cuidar el centavo.

Eso está claro, como está claro que la Argentina hoy puede establecer una estrategia medianamente alternativa porque está en default.

¿En qué es alternativa la estrategia argentina?

Se han anulado privatizaciones, se aumentan –apenas, pero se aumentan– los salarios y las jubilaciones, se establecen caminos de política exterior más independientes, se discute abiertamente con los bancos y las privatizadas, no se conceden ciegamente aumentos de tarifas. Antes del default, eso era imposible porque el riesgo país saltaba hacia las nubes.

El Brasil mantiene empresas importantísimas en manos del Estado, resiste la presión norteamericana en temas como patentes, tiene una política muy ofensiva en el área comercial. Día por medio hay un título en los diarios sobre algún conflicto comercial entre el Brasil y los Estados Unidos. Tiene márgenes de autonomía en algunas decisiones que la Argentina ni soñaría con tener. No es por el default que un país tiene más o menos autonomía. No es una cuestión de hacer discursos sobre la dignidad nacional. De hecho, la Argentina está en permanente negociación con el Fondo y eso, de alguna manera, también limita la autonomía.

Pero luego de tres años, a la Argentina no le ha ido demasiado peor que al Brasil. No ha sido necesariamente el default la peor opción para la Argentina del 2001. Y si hubiera sido una salida consensuada, para destrabar la situación, habría sido mucho mejor. Al contrario,

ante las nuevas situaciones de endeudamiento, perma-
nentemente aparecen los economistas neoliberales con
recomendaciones, generalmente avaladas internacional-
mente, que vuelven a recomendar ajustes, tasas altas,
beneficios para los capitales golondrinas, y vuelve a em-
pezar el círculo vicioso como si nada hubiera pasado.
Hace pocos días, en una nota publicada en The Wall
Street Journal, *el periodista celebraba las políticas eco-*
nómicas de Lula, pero se sorprendía por el crecimiento
de la pobreza y el desempleo. ¿Usted entiende que es
una mirada esquizofrénica, incapaz de aprender de la
experiencia o demasiado interesada?

Es muy difícil que el mundo entienda estas cosas, y
menos que menos en América Latina, donde se confun-
de calidad de vida con calidad de dádiva, sobre todo en
la Argentina y en el Uruguay. Nadie le va a regalar nada a nadie. Y si los gobiernos que generan, se endeudan,
todas las sociedades terminan pagando las consecuencias. Siento mucho que luego de tantos debates siga
hablando de los "neoliberales" (palabra inventada por
la izquierda para que se parezca a "neofascista", mientras nadie habla de neocomunistas o neoprogresistas).
El ajuste tiene que ver con la primera lección de economía: se trate de qué hacer con recursos escasos. Nadie
recomienda el ajuste salvo la realidad. Hay una deuda
que pagar, eso deja determinados recursos libres y sólo
cuenta con ellos. Nadie puede anticipar cuáles son las
consecuencias de no pagar la deuda: pero ya se sabe
que, en el corto plazo, es una calamidad. En el Brasil
han tenido problemas. Es verdad que su deuda es alta.
Si llegara a entrar en default, lo haría con sus propios
bancos, porque gran parte de su deuda es interna, y tiene

como contrapartida a depositantes, fondos de pensión, etc. Sería una transferencia de ingresos brutal con consecuencias internas impensables. Habría un aumento dramático de las cifras de pobreza. No cumplir es una mala alternativa. Está claro que, en algunos momentos, no se puede pagar y debe renegociarse. También es cierto que el FMI trató de armar un esquema de renegociación dentro de lo que llamaría un marco neoliberal. Pero fue rebotado porque los bancos tenían miedo. Eso no ayuda. Pero debo repetir lo que dije antes. La realidad económica no es blanca ni negra: es una combinación de claroscuros. No funciona a la perfección. Ahora, dentro de los lugares comunes, le diría que ni el extremismo mercadista ni el voluntarismo progresista son una solución en sí misma. No hay salida si no se entiende que se necesitan largos años de trabajo, de consenso, de sensatez. Y que nadie garantiza que haya salida, aun después de todo esto. Por eso yo le decía que me considero un mercader de alfombras, con mis principios, pero con la convicción de que, a la larga, tiene que haber un plan o un acuerdo entre posiciones distintas, porque el camino al infierno está repleto de eslóganes ideológicos sin soluciones prácticas. ¿No le parece?

Me parece. Sólo que tengo la impresión de que usted y yo creemos que el dogmatismo está en distintos lugares. Basta leer las autocríticas del Fondo para percibir dónde está.

En el Fondo son menos dogmáticos de lo que usted cree, aunque quizá más de lo necesario. De cualquier manera, le insisto: el Fondo es, apenas, un prestamista. No puede, ni sabe, ni quiere, ni debería ser el responsable del crecimiento de un país. Ahora, supongamos una vez más la peor de las alternativas: el Fondo es la mafia, o la expresión de la mafia que sería la comunidad internacional. Con más razón, la reacción y la estrategia tiene que ser extremadamente inteligente. Y eso le toca a las dirigencias locales. Nadie se los va a regalar.

Notas:

69 Bajo el título "El hábito de beber del presidente se convierte en preocupación nacional", *The New York Times* se preguntó si la aparente pasividad de Lula en la gestión diaria "puede estar relacionada de alguna forma con su apetito por el alcohol". "A pesar de que los líderes políticos y los periodistas hablen cada vez más sobre el tema, pocos están dispuestos a expresar sus sospechas en público. Una excepción es Leonel Brizola, líder del izquierdista PDT, que fue compañero de fórmula de Lula en la elección de 1998 y que ahora muestra su preocupación de que el presidente 'esté destruyendo las neuronas de su cerebro'", escribió el corresponsal de diario, Larry Rother. "Cuando yo fui candidato a vicepresidente de Lula, él bebía mucho. Yo le advertí que las bebidas destiladas son peligrosas. Pero él no me escuchó y, por lo que dicen, continúa bebiendo", dijo Brizola. Según Brizola, el mandatario le respondió con su voz gruesa y áspera: "No, no hay peligro. Lo tengo bajo control". La nota sostenía que Lula "nunca escondió su inclinación por un vaso de cerveza, una dosis de whisky o, mejor aún, un vasito de cachaça, el potente destilado brasileño hecho de caña de azúcar". El artículo citaba los constantes equívocos, gaffes y confusiones del Presidente. Recordaba que durante la campaña fue a Pelotas, ciudad de Río Grande do Sul, y dijo que la ciudad "es un polo exportador de 'maricas' para el resto del país. En

Namibia, durante una visita oficial, dijo que la ciudad es tan limpia, 'que no parece africana'". Y cuando participó de la inauguración de una fábrica de General Motors, insistió en referirse al máximo ejecutivo de la empresa como el "presidente de Mercedes-Benz".

70 El cable de Dow Jones destacaba que, aunque la mayoría de los economistas opinaban que el Brasil está al borde del colapso, "unos pocos" discutían esa percepción generalizada. "Hay riesgos, pero los países de la región están mucho mejor posicionados que en el pasado para protegerse de cualquier shock", declaró Anoop Singh, el sucesor de Loser –que también es citado en el cable– en el FMI. "Los mercados han estado exagerando el riesgo del Brasil durante algún tiempo", agregó Vicente Truglia, analista de Moody's.

71 Los números permiten percibir las dificultades que enfrentan los países de la región para combatir sus problemas sociales. Durante la última década, tomada como un todo, el desempleo en el Brasil creció del 5,1 por ciento hasta el 13 por ciento en el 2003 (ha bajado al 11,7 en la última medición). La pobreza prácticamente no se movió del 34 por ciento de la población. Y el Brasil sigue siendo el país más desigual del continente, según cualquier medición que se tome (lo sigue Chile, con índices de pobreza inferiores al 20 por ciento). Es decir, tras diez años de esfuerzo y ajustes, los resultados no son demasiado alentadores. De cualquier modo, la crisis que terminó con el default y la devaluación en la Argentina generó un fenómeno inédito: es la primera vez en la historia que los índices de pobreza argentinos superan, y por mucho, a los brasileños. Para un economista ortodoxo, eso podría reflejar la calamidad que significó la salida de la convertibilidad. Para alguien que no lo es, refleja el pésimo manejo de la crisis que se hizo durante la convertibilidad.

72 El comportamiento de la economía brasileña en los meses posteriores a esta discusión parece darle cierta razón a los argumentos de Loser. Hubo un leve descenso del desempleo, se serenó el indicador de riesgo país (pese incluso al aumento de la tasa de interés internacional) y Lula recuperó algunos puntos de popularidad. Son datos de muy corto plazo y sólo el tiempo dirá si marcan o no una tendencia.

Epílogo I

Buenos Aires, 10 de agosto del 2004

Estimado Claudio:

Durante las últimas semanas de trabajo en este libro, las relaciones entre la Argentina y el Fondo Monetario Internacional volvieron a tensarse. El Fondo se ha negado a aprobar una revisión de metas para la Argentina. Y la senadora Cristina Kirchner postuló que para nuestro país sería mejor prescindir del FMI. Por su parte, la Oficina de Evaluación Independiente del Fondo emitió una especie de autocrítica sobre su rol en la Argentina durante los años noventa. Y el ministro de Economía, Roberto Lavagna, le respondió con un documento muy duro sobre las falencias del FMI, donde trata directamente como "incapaces" a los miembros de su staff.

Todo hace pensar que se acercan meses apasionantes.

En medio de esos acontecimientos, escuché una entrevista que usted concedió a una radio argentina.

Básicamente, lo que dijo se puede resumir en pocas palabras: "Si un país no le paga al FMI, se transforma en un paria internacional".

Hace unos meses, yo hubiera escuchado esa declaración con una mezcla de enojo y desprecio: como si proviniera de otro lobbysta –de los tantos que aparecen en los medios de Buenos Aires–, que advertía sobre un horizonte apocalíptico para cualquier país desobediente, con la evidente intención de que el miedo a ese futuro terminara con un acuerdo más favorable a los intereses escudados detrás del FMI.

Nada novedoso.

Sin embargo, yo ya conocía casi el contenido completo de este libro. Y entonces sus declaraciones provocaron, una vez más, mi curiosidad.

Usted sabe, y lo dice, que el FMI cometió numerosos errores durante los años noventa: toleró los abusos de las privatizaciones, equivocó seriamente el abordaje de los problemas sociales, creyó innecesario controlar a empresarios y banqueros y, finalmente, acompañó a la dirigencia argentina en la incorrecta conducción de la crisis que terminó con la devaluación y el default. Usted admite, además, la influencia de los sectores financieros privados, a los que califica con los adjetivos más deshonrosos y reconoce que los intereses de los países más poderosos del mundo orientan, en gran medida, las decisiones finales del Fondo (habrá leído en *Clarín*, que Rodrigo de Rato está irritado con la Argentina porque le aumentó los impuestos a una empresa española).

Pese a todo ello, es usted mismo el que recomienda que la Argentina siga las reglas de juego que le imponen desde Washington.

¿Cómo se juntan los dos Loser en una sola persona?

¿Cómo puede ocurrir que alguien perciba la trampa que un grupo de países poderosos le tienden a un país mucho más débil y, al mismo tiempo, recomiende cumplir con las condiciones que se le imponen a este último por parte de aquéllos?

Le confieso que pensé en tres hipótesis distintas (ninguna va a gustarle).

¿Será usted un cínico?

¿Sufrirá usted un serio problema de disociación personal?

¿O, simplemente, será un hombre confundido?

Hay elementos a favor de la primera hipótesis.

Uno de los temas que recorre este libro de punta a punta es la naturaleza de la relación entre el FMI y los intereses de la comunidad financiera internacional o, como la denomina Paul Krugman, de Wall Street.

En el caso argentino, la connivencia fue evidente para cualquier observador neutral.

Aplaudieron a Carlos Menem mientras Wall Street festejaba, pese a que los informes internos advertían sobre los problemas argentinos. Junto a Wall Street, recomendaron la aplicación de ajuste tras ajuste. Otorgaron préstamos importantes, como quería Wall Street, que dieron tiempo a la fuga de capitales, que necesitaba Wall Street, pese a que miembros del staff advertían sobre los reales beneficiarios de esa medida. Dejaron caer al país cuando tuvieron cierto margen de seguridad de que el Brasil no sería la siguiente ficha del dominó, una preocupación de Wall Street.

Usted dice que lo hicieron por razones más nobles que la mera complicidad con banqueros rapaces: intentaban evitar la caída de la Argentina en el abismo. Pero, en cada estación de esa pelea –desde los festejos de los años noventa hasta la caída de 2001–, ante cada alternativa, siempre coincidieron con lo que pedía la comunidad financiera.

Tiene cuatro patas, ladra, mueve la cola.

Pero, para usted, es una jirafa.

Es muy difícil convencerse de que, desinteresadamente, el FMI llegó a conclusiones técnicas que, por casualidad, una y otra vez, coincidían con lo que pensaban los grandes inversores financieros. Sin embargo, usted insiste en que todas y cada una de las medidas fueron tomadas con honestidad intelectual y la mejor de las intenciones.

No hay manera de moverlo de eso y quizás, en su caso personal, sea cierto. Nadie puede arrogarse el derecho de conocer los verdaderos motivos por los que cada ser humano hace lo que hace.

Pero en las sucesivas autocríticas del Fondo Monetario Internacional no hay siquiera una mención a la posibilidad de que la influencia de las ideas –y los intereses– de Wall Street, hayan sesgado sus recomendaciones, sus cegueras, sus dudas acerca de los caminos correctos. En algún sentido, la negación por parte de uno de los organismos más poderosos del planeta, parece –a primera vista– un brutal acto de cinismo.

Pero, le admito: el cinismo es una hipótesis, como mínimo, insuficiente.

Usted ha sido capaz de reconocer cosas que todos los demás, en su entorno, niegan. Merece, sin duda, que se le reconozca un grado importante de honestidad intelectual. Ha dicho, nada menos, que muchas veces se sentía cumpliendo el rol de un marine norteamericano, o que su organización actúa de manera tan arrogante, tan irrespetuosa hacia los procesos políticos de diferentes países que, involuntariamente, estimuló la comisión de actos corruptos.

En mi vida profesional, pocas veces recibí tanta franqueza por parte de un entrevistado. Usted admite que el FMI es tan verticalista como el Partido Comunista o el Vaticano, que sus técnicos se resisten a mezclarse con la gente de los países donde recomiendan políticas, y que hay una curiosa resistencia a experimentar soluciones distintas, de acuerdo con el país del cual se trate.

Es decir, la manera en que funciona el Fondo, según usted, se asemeja notablemente a la descripción que hizo en su momento Joseph Stiglitz.

Pero usted se enoja cada vez que le menciono a Stiglitz.

No se ofenda por la pregunta: ¿en qué quedamos?

Hay un Loser que es un duro crítico del FMI.

Pero otro que defiende la base de su funcionamiento y de sus recomendaciones políticas.

Hay un Loser que admite que el Fondo ha sido y es utilizado para defender los intereses de los países más ricos del mundo.

Pero otro que sostiene la honestidad intelectual de las decisiones que se toman en el Fondo y sus eventuales beneficios para los países destinatarios de ellas.

¿En qué quedamos?

Si la hipótesis de la disociación fuera correcta, sería una buena razón para que, finalmente, se decidiera a contratar a un psicoanalista.

Pero tampoco me cierra. Tuve dos largos encuentros con usted y me atrevería a asegurarle que, en principio, usted está mucho más sano que yo (lo que no es demasiado decir).

Es probable, pensé entonces, que se trate de confusión.

Esa situación sería comprensible.

Durante treinta años, usted cumplió funciones en un organismo que, además de trabajo, le dio una identidad y un sentido de pertenencia. Su ruptura con esa vida fue, en algún sentido, traumática y abrió un proceso de búsqueda personal cuyo final está abierto. Sus respuestas, sus idas, sus vueltas, sus recomendaciones radiales, quizá reflejen que ese camino no es lineal. Y es correcto que así sea, porque –como lo enseña la geometría moderna– no siempre la recta es el camino más corto entre dos puntos.

Pero además, en ese caso, no estaría solo.

En estos tiempos, hay demasiada confusión, demasiadas personas importantes que caminan en medio de la incertidumbre.

¿Cómo se juntan, por ejemplo, los dos Lavagna, el que califica como incapaz al staff del Fondo pero inmediatamente ofrece pagos sólo a cambio de ganar tiempo? ¿Cómo se juntan los dos Kirchner, el presidente con el discurso más virulento contra el FMI y el que compromete el superávit fiscal más alto de la historia argentina? ¿Y los dos Lulas, el primer presidente obrero de la historia latinoamericana que implementa un plan absolutamente ortodoxo?

¿Estarán todos disociados?

¿O será que la única actitud lógica, racional, en estos tiempos, consiste en ese tipo de ambigüedad?

Mientras terminaba con este trabajo, un alto ejecutivo de un banco extranjero me lo resumió de esta manera: "La economía internacional es un barco lleno de agujeros. No anda bien. Algunos toman sol en la cubierta mientras otros están en la sala de máquinas con agua hasta el cuello. Y no se sabe hacia dónde va. Pero a nadie se le ocurre tirarse, porque sería un suicidio". Un alto funcionario del gobierno argentino me lo explicó con sus propias palabras: "No sabemos si, dentro del esquema del FMI, tenemos futuro. Pero afuera es imposible. Es lo mismo que pasa con la policía o con la clase política. No podemos prescindir de ellos porque morimos. Pero trabajar con ellos te incluye en una lógica extorsiva de la que es muy difícil salir. Con ellos no se puede. Sin ellos tampoco. Ésos son nuestros dilemas".

Por momentos, parece una película de terror.

Nuestros presidentes son, o han sido, extremadamente críticos del Fondo Monetario Internacional. Conocen, como usted, al detalle sus miserias y los riesgos de aplicar sus recetas. Sin embargo, se han comprometido, con diferentes estilos, a implementar programas dentro del esquema del Fondo.

Parece una película de terror pero en la que nadie, ¿y quién podría criticarlos?, quiere irse del cine.

Por largo tiempo no vamos a volver a "conversar".

Permítame entonces explicarle un poco más por qué pienso que todo es tan confuso e incierto.

Las cosas han cambiado desde los años noventa. En aquel entonces, eran pocos, en Washington y en Buenos Aires, los que dudaban de la idea de que el neoliberalismo había traído la felicidad eterna. Ahora, allá y acá, la utopía es mucho más módica y, quizá, más realista: la búsqueda de un camino de consenso con los organismos y los acreedores internacionales que, al mismo tiempo, le permita a los países de la región ir solucionando paulatinamente, muy paulatinamente, sus problemas sociales más serios.

Pero nadie sabe si ese camino existe.

La experiencia reciente obliga a ser escépticos, con la discutible y aislada excepción del caso chileno.

El problema es más complejo aún.

Mientras intercambiábamos mails, y yo me veía obligado a sumergirme en el mundo de los organismos financieros internacionales, me preguntaba: ¿qué significa hoy estar dentro de un sistema que, por momentos, es irracional y deja demasiado poco espacio a las alternativas? Nadie lo sabe. Para el Brasil, implica acordar los más altos niveles de superávit primario pero, al mismo tiempo, reservarse un margen de autonomía respecto de la propiedad estatal de empresas muy importantes, o de los derechos de propiedad intelectual o de las peleas comerciales con los Estados Unidos. Para la Argentina, acordar el superávit fiscal, pero defender la autonomía respecto de asuntos internos como las tarifas de las empresas privatizadas, el rol del Estado como motor de la Economía, la privatización de los bancos estatales, o la negociación con los acreedores privados.

Pero, los países más poderosos, ¿tolerarán esas módicas insolencias?, ¿hasta dónde un país puede tironear sin romper la relación?, ¿cómo se negocia, al mismo tiempo, con el entramado de intereses que unen al Fondo, las privatizadas, los acreedores privados, los países más poderosos del mundo, los grandes bancos?, ¿alcanzarán esas estrategias para que, digamos, al cabo de diez años, la cantidad de pobres de la región haya disminuido a la mitad?, ¿o la presión para que se deriven más y más capitales hacia el mundo desarrollado ahogará definitivamente a nuestras sociedades?

Nadie lo sabe.

No hay mapas para esas peleas.

Los únicos que los tienen son aquellos para los cuales no queda otro camino que la obediencia o el aislamiento. O los actuales funcionarios del FMI, para quienes, una vez más, está absolutamente claro lo que hay que hacer en todas las áreas: política fiscal, bancos estatales, relación con las provincias, tarifas. Ya habrá tiempo, en todo caso, para las autocríticas dentro de quince años.

El resto, está sumido en la confusión o la incertidumbre.

Por eso es que, quizá, sus contradicciones sean un símbolo de este momento.

Leo y releo los capítulos anteriores y vuelvo a percibir el abismo que hay entre nosotros. Por momentos, se me ocurre que podría haber un punto intermedio en el camino. Pero luego, abro el diario, y me encuentro con que Rato presiona para eliminarle impuestos a Repsol. Y ya no importa tanto la distancia que exista entre usted y yo. El rol de los organismos, con los actuales funcionarios, vuelve a ser el mismo de siempre.

De cualquier manera, algunas de sus ideas me parecieron sólidas, indiscutibles y, creo, me acompañarán por largo tiempo.

Usted insiste en la responsabilidad de la dirigencia y de la sociedad argentinas. Dice: "Fíjese un dato: no hay ningún presidente, civil o militar, que haya terminado bien su mandato, yo diría que desde la década del treinta. Es un caso único en el continente. O terminan presos, o fuera del país, o recluidos, o derrocados o se van antes de tiempo. Cada uno que asume, odia al anterior. Las peleas son irreconciliables (...) Es, realmente, un fenómeno muy particular. Y, aun cuando el contexto internacional sea perfecto y sus protagonistas magnánimos –no ocurre, desde ya, ni una cosa ni la otra–, es muy difícil que un país funcione bien con esos códigos entre la clase dirigente". Señala: "Supóngase que Menem era el demonio. ¿Quién lo eligió? ¿El FMI? ¿Alguna vez los argentinos admitirán que votaron a Menem y que lo hicieron dos veces, sin contar las elecciones parlamentarias?". Insiste: "Los países razonables pueden tener gran libertad de acción. En el Uruguay hubo un gran rechazo social a las privatizaciones. No nos gustó. Pero nunca dejamos de prestarle dinero a ese país cuando estuvo en problemas. Al Fondo no le gusta que Pemex o PeDeVeSa o Codelco sean estatales. Pero las relaciones con México, Venezuela –hasta la llegada de Chávez– o Chile son muy buenas. He participado en reuniones muy duras con los mexicanos, cuando México estaba en condiciones de extrema debilidad: apenas le planteábamos la necesidad de privatizar Pemex, amenazaban con abandonar la mesa de negociaciones". Y concluye: "Suponga usted la peor hipótesis. Aceptemos por un momento que, efectivamente, existe una conspiración para saquear la Argentina. Con más razón, la clase dirigente tiene que ser inteligente, sofisticada, está más obligada que nunca a ser seria y a asumir planteos estratégicos coherentes. Créame: no es agradable ver a la Argentina desde afuera. Hay demasiada irracionalidad, conflicto, recriminaciones y muy poco sentido práctico. El clima político ha sido tan autodestructivo que, creo, hubiera desaprovechado cualquier contexto internacional, por favorable que fuera".

Es difícil no acordar con cada uno de esos puntos.

Le agradezco, una vez más, la infinita paciencia.

Afectuosamente,

Ernesto Tenembaum

P.D.: En mi primer mail, yo le advertí que había leído a Stiglitz. Permítame terminar con él. En *El malestar en la globalización*, analiza la crisis rusa y sostiene que la comunidad internacional es responsable, al menos parcialmente, por las características de algunas dirigencias locales: "El apoyo, las políticas –y los miles de millones de dólares del dinero del FMI– no sólo pudieron permitir que el Gobierno corrupto con sus políticas corruptas permaneciese en el poder, sino incluso mitigar la presión en pro de reformas más significativas. Hemos apostado por favorecer a algunos líderes y promover estrategias concretas de transición. Algunos de esos líderes han resultado ser incompetentes, otros corruptos y otros las dos cosas a la vez. No tiene sentido aducir que las políticas eran acertadas pero no fueron aplicadas bien. La política económica no puede predicarse sobre un mundo ideal sino sobre el mundo tal como es... Hoy, justo cuando Rusia empieza a exigir responsabilidades a sus dirigentes, también deberíamos hacerlo con nuestros dirigentes". A los argentinos nos corresponde cambiar la Argentina. ¿A quien le corresponde cambiar los organismos financieros internacionales?

Epílogo II

Washington, agosto 17, 2004

Estimado Ernesto:
He recibido con gran interés –pero también con gran frustración– su carta del día 10 de agosto.

Es un mensaje profundamente personal y elocuente que refleja su intensa preocupación acerca de los problemas de la Argentina y América Latina. Comparto esa preocupación. Y quizás eso es lo que me ha permitido mantener este dialogo en estos últimos y fascinantes meses. A veces hubo acuerdo, normalmente no, pero siempre estuvo presente el buen humor y el respeto. Al final del recorrido, yo hubiera esperado que las brechas de visión y entendimiento de los problemas y sus soluciones se hubieran cerrado.

Por eso digo que siento frustración.

Está claro que eso no ocurrió.

Al comienzo de esta aventura, imaginé que me encontraba con uno de los tantos personajes que se pueden adaptar a la descripción que hizo Mario Vargas Llosa en el prólogo de *El Manual del Perfecto Idiota Latinoamericano*:

"[El idiota latinoamericano] cree que somos pobres porque *ellos* son ricos y viceversa, que la historia es una exitosa conspiración de Malos contra Buenos en la que aquéllos siempre ganan y nosotros siempre perdemos... no tiene empacho en navegar en el ciberespacio, sentirse *on line* y (sin advertir la contradicción) abominar del consumismo...".

Ya llevo tiempo en este mundo, y he visto demasiados caminos al infierno cubiertos de buenas intenciones, como para pensar que la realidad se divide entre los Buenos y los Malos, en colores blanco o negro, cuando es todo tanto más complejo.

Con el tiempo, mi percepción sobre usted fue cambiando. Me causaba gracia que firmara algunos de sus mails con sus iniciales "ET". Y llegué a pensar que todo nuestro intercambio quizás estuviera inspirado en la maravillosa película de Spielberg, de nombre homónimo, donde conviven dos criaturas provenientes de mundos diferentes –un niño y un extraterrestre–, entre las cuales parece no haber posibilidad de diálogo. A la larga se establece una relación estrecha que, al separarse, les ayudará a cada uno a enfrentar mejor sus respectivos mundos.

El intercambio de mails fue para mí, no sé para usted, una experiencia emocional e intelectual completamente inesperada. Fue provocador y muy extraño. Por momentos, también agotador. Usted ha dado muestras mínimas de impaciencia y una perspicacia y persistencia propia de los mejores periodistas. Algunas veces me hizo perder la paciencia, pero admito que sin esos aportes este trabajo no hubiera existido.

Por eso mi amargura cuando leí su carta.

No creo que usted sea el perfecto idiota latinoamericano.

De verdad no lo creo.

Pero me impresiona la manera en que algunos prejuicios o ideas autodestructivas pervierten incluso a las personas más inteligentes y mejor intencionadas.

Antes de ir, por última vez, al centro de la discusión quisiera formularle diez observaciones, aunque no pretendo hacer de esto un decálogo:

• Analizando el pasado, no hubiera elegido una profesión diferente de la de economista (salvo pianista que hubiera sido un desastre).

• No hubiera cambiado el FMI por otra institución como mi lugar de trabajo y de crecimiento profesional (salvo, quizás, un cinco por ciento del tiempo).

• No hubiese cambiado el enfoque macroeconómico que propiciamos, salvo para empujar más el tipo de cambio flexible, y haber insistido más en la necesidad de mantener disciplina fiscal, independientemente de qué sistema cambiario se seguía.

• No hubiese querido trabajar como especialista con otra región del mundo que no fuera América Latina y el Caribe, a la que creo que comprendí y quise que la entendieran otros, a pesar de haber sido acusado de "clientelista" y complaciente.

• Hubiera querido tener más muñeca y olfato político en mis relaciones con los países.

• Hubiera querido neutralizar mejor los poderes excesivos de ciertos sectores.

• Hubiera querido comenzar antes a ayudar a los países a tener políticas sociales más efectivas e inteligentes, dentro de sus posibilidades económicas.

• Pienso que sin un consenso efectivo en los países acerca de las políticas, los principios que he defendido no valen de nada en el mundo real.

Y por ultimo respecto de la Argentina:

• El FMI no debería haber apoyado a Menem, De La Rúa y Cavallo, y también a sus sucesores (aunque no en todos los aspectos) en sus excusas y escapismos.

• Tendría que haberme dado cuenta mucho antes de la importancia de desarrollar instituciones sólidas de gestión, supervisión y judiciales, como condición indispensable para alcanzar los objetivos del plan de reformas que apoyamos.

Por lo demás, sé que he cuestionado mucho algunas actitudes del Fondo, contemporáneas y posteriores a mi gestión.

Es el momento de poner en su contexto correcto las afirmaciones.

Usted me ha calificado como un cínico, que quizá sufra de disociación, y seguramente esté confundido. Le diría que en principio no importa, si mis observaciones son correctas.

Puedo ser un cínico cuando reconozco que el FMI, como todas las instituciones multilaterales, refleja las fuerzas relativas de diversos países y grupos. Ello no las transforma necesariamente en destructivas. Sin un sistema de cooperación internacional, el mundo viviría en un caos como el que no se conoce desde hace mucho tiempo. Yo diría que estoy más cerca del realismo de Maquiavelo que del cinismo de Diógenes.

Probablemente tengo una disociación, por suerte muy mesurada y tratada con las lecciones de un psicólogo sabio y una familia que me apoya, me inspira y me quiere. Pero mi disociación, o más bien mi desacuerdo, y el de muchos otros, es respecto de un mundo ilusorio, donde las autoridades buscan satisfacer sus necesidades con políticas populistas facilistas, de subsidios, de control y de distribución que terminan alienando el esfuerzo productivo y creando una sociedad de rentistas, que celebran la fiesta y no quieren pagar la cuenta.

Seguramente estoy confundido, si eso significa que el mundo actual tiene ambigüedades. Mi experiencia me impide tener la visión de certeza total de la Inquisición, del terror de la Revolución Francesa, las purgas marxistas o nazis que obligaban a que los "confusos" bajaran la cabeza frente a la fuerza y se declararan culpables por pensar diferente.

Éste es el mundo ambiguo en que vivimos, en el que la esperanza de vida ha aumentado, los niveles de educación son cada día mas altos, y donde los indicadores de bienestar han subido, pero donde existe inequidad dentro de cada sociedad y entre las naciones ricas y pobres; y donde las oportunidades de la creciente globalización han llevado en los últimos cincuenta años al nivel de vida más alto observado en la Historia.

El tema central de nuestra discusión ha sido el sufrimiento de una América Latina desvalida, el abuso de los poderosos, y la presunta complicidad de las instituciones multilaterales en ese terrible proceso.

Todos los temas se entrecruzan, pero trataré de distinguirlos.

Para empezar, estoy convencido del valor positivo del Fondo Monetario Internacional. Mis críticas no alcanzan para impugnar la existencia del FMI y mucho menos para recomendar a los países que se aíslen. Creado hace sesenta años y con 184 miembros es, fuera de la Naciones Unidas (con la que se relaciona estrechamente), una de las organizaciones publicas de carácter más global. Los Estados Unidos tienen un poder de voto y un capital de 17 por ciento del total del FMI, y el G-7 un 46 por ciento del voto. Estos valores están en línea con su importancia económica. Los Estados Unidos constituyen entre el 21 y el 30 por ciento del PIB mundial, y el G-7 entre el 44 y 65 por ciento, dependiendo de qué método de medición se utilice. Esta relación entre importancia económica y voto y capital es lo que hace que los países más ricos pongan más dinero y por ello tengan más peso político. Sin embargo, el FMI es una cooperativa donde todos aportan y pueden pedir prestado, de acuerdo con sus condiciones y necesidades económicas. Eso le da al FMI capacidad operativa real. Y los otros países juegan un rol importantísimo en las votaciones, influyendo en las decisiones. Es importante notar que cuando el Fondo presta y no le pagan, el costo se distribuye entre todos, deudores y acreedores, grandes y chicos. Y como lo que se presta es dinero de todos, todos lo quieren prestar con condiciones, no solamente los países grandes.

Yo critico ciertos importantes aspectos del FMI, pero soy un convencido de la importancia de su existencia. Más de una vez he dicho y escuchado decir que si el FMI no existiera, lo volverían a inventar. Es perfectible y yo lo he dejado en claro. Pero no creo estar confundido cuando digo que es el arma más potente que tiene el mundo en desarrollo, o lo que usted califica como los países más débiles, para lograr defender sus derechos en un contexto de cooperación multilateral, frenando así los posibles abusos que pueden surgir de las relaciones meramente bilaterales.

Quisiera aclarar, además, algo respecto al mundo financiero. El FMI, que habla y maneja el idioma financiero, tiene una entrada poderosa en los Bancos Centrales.

La Reserva Federal, el Banco de Inglaterra o el Banco Central Europeo tienen una actitud sumamente constructiva de colaboración y buscan mantener disciplina en los bancos que están en sus países, algo que el Fondo ha apoyado fuertemente. Los bancos tratan de poner la mayor presión, y por cierto que utilizan todos los recursos a su alcance para protegerse. Los Bancos Centrales y el FMI buscan controlarlos, aunque no siempre de manera exitosa. Pero, nuevamente, no quiere decir que los bancos hagan lo que quieran. Frecuentemente, tienen que enfrentar pérdidas importantes, como es el caso de la Argentina, que hoy en día está haciendo una oferta de veinticinco por ciento del valor de los bonos. Nos guste o no nos guste, el mundo financiero internacional es poderoso. Querer reducir su importancia y su poder con controles, es confundir objetivo con resultado. Además, le quiero repetir la necesidad de no ver al deudor como víctima y al prestamista como villano. Los financistas pueden ser rígidos y frecuentemente cortos de vista, pero no son irracionales o explotadores. El servicio que prestan no debe estar en tela de juicio. El problema surge cuando un país como la Argentina se endeuda demasiado, y se gasta la mayoría del dinero en forma equivocada, pero no por culpa de los que prestan, sino de los que piden prestado.

A este respecto me voy tomar un atrevimiento de economista: voy a incluir algunos números. Observando los valores de la deuda externa y la inversión en la Argentina y la inversión de los argentinos afuera, uno llega a conclusiones sorprendentes. La deuda pública externa del país, aumentó, entre 1991 y 2002, de acuerdo con cifras oficiales, en US$ 56 mil millones, aproximadamente un monto similar al pago de intereses. Es decir que el

Estado refinanció la deuda y no hizo ningún esfuerzo para "pagarla". Por otra parte, lo que podríamos denominar salidas de capital privado fueron mucho menores a los montos que entraron. Ingresaron en el sector privado, en toda la década, cerca de US$ 80 mil millones, y hubo una salida de US$ 21 mil millones. Prácticamente, todos los dividendos e intereses en el sector privado se reinvirtieron, y la gran pérdida en el valor de las inversiones externas en 2002 es debido al efecto de la devaluación de 2001. Por otra parte las inversiones de argentinos en el exterior crecieron pero no mucho más que en el valor de los posibles intereses acumulados. Mi conclusión es que aunque fueron los argentinos los que recibieron el peor golpe con la crisis de 2001, los inversores y prestamistas externos compartieron la pérdida. Mi estimación es que ganaron en sus inversiones no más de 1% anual. Ello, a mi juicio, demuestra que el cataclismo argentino ha sido compartido por nacionales y extranjeros, y esto sin incluir aún la quita en la deuda externa, de US$ 50 mil millones que ciertamente sufrirán los bonistas. Por último la deuda se la gastaron los argentinos, directamente o a través del Estado, y nadie hizo, a pesar de las quejas del personal del FMI, incluidas las mías propias, ningún esfuerzo importante para pagar la deuda en un sentido real. Ello implicaba un ajuste que nadie quería hacer a un gasto insostenible.

Por cierto que el FMI ha tenido un peso enorme en la Argentina y en América Latina. Las propias carencias de las políticas económicas internas, la debilidad política de muchos gobiernos, y la falta de inclusión democrática de muchos sectores requirieron que el resto de la comunidad económica internacional, a través del FMI, saliera en su apoyo. Al llegar en los momentos de crisis se confundió el mensaje con el mensajero. El Fondo falló en no tomar una posición más crítica, en público, que llevara a los gobernantes a reconocer sus responsabilidades, en vez de endilgarlas convenientemente a un agente externo. Y aun cuando hablamos, no nos querían escuchar. Por ejemplo, en una entrevista con *La Nación* del 28 de junio de 1997 dije: "El ajuste macroeconómico y estructural... requiere elementos que den estabilidad social.... Evidentemente tiene que haber un refuerzo en el proceso social... a través de mejoras en educación y en salud. Así no sólo se asegura la paz política, sino que también mejora... el capital humano en Argentina". Y en 1999, en una entrevista en *Clarín*, el día 27 de septiembre, mencioné que el gobierno debía aplicar un fuerte ajuste fiscal: "Eso es fundamental para mantener el uno a uno de la convertibilidad, que nosotros respaldamos... La Argentina debe atender además el problema que le ocasiona una deuda externa muy importante".

Por cierto que el FMI y sus funcionarios tuvieron posiciones a veces controversiales, a veces más rígidas de lo necesario, y a veces demasiado blandas. Sin embargo, en un estudio que he estado realizando en los últimos meses en el ámbito del Diálogo Interamericano, y después de hablar con quizá cien políticos, empresarios, gremialistas, observadores, periodistas y analistas de un número importante de países de la región, surgen cuatro principios: la integridad personal de mis colegas, su profesionalismo, el interés general de encontrar una solución sustentable, y la necesidad de la existencia de una institución como el FMI. Ciertamente que hay lugar para mejorar la institución desde adentro e incorporar propuestas externas, que debe enfatizarse el aspecto social para tener una solución sustentable, y que debe tenerse una mayor muñeca política.

El FMI ayudó a los países a reconstruir sus economías. Hubo errores de los que se aprendieron y aplicaron lecciones, y la institución se adaptó a los cambios en circunstancias. Pero no puedo aceptar, tal como lo menciono a través de este libro y espero haberlo demostrado, que el FMI y otros organismos son meramente instrumentos de grupos de presión con una orientación equivocada.

Puede haber fallado la supervisión.

Sin embargo, los fracasos económicos fueron generados por una dirigencia que en la región ya lleva veinte años de ser elegida por el pueblo, pero que no ha podido tomar la necesaria visión de política de Estado para lograr consensos nacionales sensatos.

Yo haría el paralelo entre democracia y economía de mercado. Son tremendamente ineficientes, pero todos los demás sistemas son peores. Esto no es un tema de doctrina, sino de experiencia práctica, donde nadie niega el rol del Estado para dar un contexto de orden y control de excesos. Mi conexión con la región a través de quizá cuarenta años de vida estudiantil y profesional, me ha llevado a desarrollar una gran pasión por y conocimiento de América Latina. En ese contexto estoy convencido de la operatividad de los principios económicos y prácticas que he descrito en nuestro diálogo.

Ésos van más allá de la ideología.

Son, como lo he dicho y lo sostengo, como la ley de la gravedad.

Creo que no he podido convencerlo a usted de ello.

Es una pena.

Serán nuestros eventuales lectores los que determinarán si el camino tuvo sentido.

Por ahora dejo ya el teclado.

Solamente espero que, de este diálogo –o doble monólogo– salga algo útil.

Que los lectores vean un ejemplo de debate inteligente y adulto que nos permita llegar más cerca de la verdad, matizada pero real, aplicable para un futuro mejor.

Nos vemos pronto,

Claudio M. Loser

Algunos libros

La historia de la crisis y el estallido argentino todavía no ha sido escrita. Pero algunos textos aportan elementos para su comprensión. Hay tres autores cuya lectura ayuda a percibir claramente que lo ocurrido en el país entre 1998 y 2001 no fue un hecho aislado sino el último eslabón de una cadena de crisis que comenzó en 1995 con el tequila mexicano, rebotó primero en el sudeste asiático, luego en Rusia, en el Brasil, en Turquía y, finalmente, en la Argentina. Los autores son Joseph Stiglitz, Paul Krugman y Paul Blustein. El primero de los tres publicó *El malestar en la globalización* (Taurus, Buenos Aires, 2002) y *Los felices noventa* (Taurus, Buenos Aires, 2003). Aunque se refieren a temas distintos, los dos libros tienen un hilo conductor: relatan cómo la influencia del sector financiero en las decisiones políticas de los noventa fue destructiva para las economías de todo el mundo y potenció crisis que, de otra manera, hubieran sido más suaves. El primero de los textos se refiere a lo ocurrido en distintos países periféricos y a la connivencia entre el FMI y Wall Street. El segundo vincula la desregulación exigida por el sector financiero a la explosión de las burbujas financieras en los Estados Unidos, a partir de los casos Enron, WorldCom, y las empresas de tecnología de punta. En los dos libros hay múltiples referencias al caso argentino: el alumno modelo del Consenso de Washington que termina con el default más importante de la historia.

Paul Krugman es uno de los más respetados especialistas en crisis financieras internacionales, candidato al Premio Nobel y, en los últimos años, ha desarrollado una prolífica tarea de difusión de sus ideas. Dos veces por semana, publica columnas muy influyentes y provocadoras en *The New York Times*, que han sido recopiladas en varios libros, como *El teórico accidental* (Crítica, Barcelona, 1999), *La era de las expectativas limitadas* (Ariel, Barcelona, 1998) o el más reciente *El gran resquebrajamiento* (Norma, Bogotá, 2004). Lo más curioso de Krugman es que es un libremercadista, muy crítico de los postulados del movimiento globalifóbico pero, al mismo tiempo, realiza un trabajo de demolición contra los dogmas de los años noventa y las verdades reveladas que la comunidad financiera impuso a algunos sectores del mundo académico. Krugman es el economista con quien se reunió personalmente el presidente Néstor Kirchner en su segunda visita a los Estados Unidos. Sus textos más nuevos pueden encontrarse en "The Unnoficial Paul Krugman Web Page" (www.pkarchive.org).

La columna financiera de Paul Blustein en *The Washington Post* es de las más leídas entre los círculos de poder norteamericanos, si se excluyen a las que se publican en *The Wall Street Journal*. Blustein ha escrito un atrapante libro que, lamentablemente, sólo se consigue en inglés. Se llama *The Chastening* (Public Affairs, Nueva York, 2001, 2003) y es una crónica periodística sobre los éxitos y fracasos del FMI en el manejo de las crisis que comenzaron con la devaluación de la moneda tailandesa en 1998. Su lectura no sólo refleja la repetición mecánica de recetas por parte de los funcionarios del FMI, país por país: también permite percibir el vértigo de las crisis, las condiciones de fragilidad en las que se armaban paquetes de salvatajes de miles de millones de dólares, la actuación de lobbies salvajes. Mientras este libro entraba en imprenta, Blustein estaba terminando un trabajo dedicado específicamente a la historia de la crisis financiera argentina, cuya semilla fue un largo artículo publicado en junio de 2003 y que constituye la columna vertebral del capítulo 9 de *Enemigos*. Una versión novelada –probablemente no igualada aún– que permite entender cómo y dónde se toman decisiones que generan ilusiones de bonanza y luego las catastróficas caídas se puede encontrar en *La hoguera de las vanidades*, de Tom Wolfe (Anagrama, Barcelona, 2000). Las características específicamente argentinas de esa crisis global aparecen en distintos trabajos. En *El sueño eterno* (Planeta, Buenos Aires, 2001), Joaquín Morales Solá realiza una detallada crónica de los desmanejos y las miserias de la clase política argentina en la conducción de la crisis, particularmente desde la asunción de Fernando de la Rúa hasta su caída. En *La maldita herencia* (Sudamericana, Buenos Aires, 2003), Martín Kanenguiser refleja la versión de los principales protagonistas desde el lado argentino. Particularmente rico es el libro *La salida del abismo* (Planeta, Buenos Aires, 2003), de Eduardo Amadeo, el ex vocero presidencial y ex embajador en los Estados Unidos durante la administración de Eduardo Duhalde. Amadeo fue traductor en todas las negociaciones con el FMI y realiza una notable crónica de ese gobierno, según como se lo vio desde adentro. Es poco habitual en la Argentina que un ex funcionario escriba memorias tan puntillosas, donde se reflejen tan claramente las presiones internacionales y las estrategias de un gobierno local frente a ellas. Es, de todos modos, un libro sesgado, donde los políticos sólo ocupan el rol de víctimas o de héroes. La actitud del FMI en el período post-default también se puede encontrar en el documento publicado por Roberto Lavagna "Argentina, el Fondo Monetario Internacional y la crisis de la deuda". Lavagna enumera allí todos los consejos –a su entender– errados que el staff del FMI dio al equipo económico argentino desde enero de 2002, y califica como incapaces a los técnicos del Fondo. Es absolutamente atípico que un ministro de Economía sostenga oficialmente esos conceptos. Aunque sea sólo por eso, vale la pena ser leído. La visión del típico integrante del FMI sobre las razones de la crisis argentina está incluida en el trabajo *La Argentina y el FMI* (Planeta, Buenos Aires, 2002), escrito por Michael Mussa, jefe de economistas del Fondo durante gran parte de la década del noventa. Mussa explica, básicamente, cuál fue la evolución del gasto público en la Argentina durante esos años. Es particularmente didáctico y permite entender que la crisis comenzó recién en 1998 gracias a la postergación de vencimientos de la deuda originada en el Plan Brady y al ingreso de fondos de las privatizaciones. Además, refleja en cierta manera el clima de tensión que se vivió en el Fondo en relación con la Argentina. Hay múltiples documentos internos del Fondo Monetario que completan esa percepción, en particular, varios discursos de Anne Krueger y la ya célebre autocrítica de la Oficina de Evaluación Independiente, que se pueden encontrar en la página web de la organización (www.imf.org). Esa autocrítica recibió una respuesta del ministro de Economía de la Argentina, Roberto Lavagna, que puede hallarse en la página web del Ministerio de Economía argentino (www.mecon.gov.ar). La responsabilidad de los grandes bancos del mundo en la historia de la deuda externa argentina se puede encontrar en *Citibank vs. Argentina. Historia de un país en bancarrota* (Sudamericana, Buenos Aires, 2003) de Marcelo Zlotogwiazda y Luis Balaguer. Allí se relata puntillosamente la historia de la deuda externa argentina, su estatización a principios de los ochenta, el canje de bonos sin valor por activos superrentables a principios de los noventa y la fuga de capitales contemporánea al estallido de la crisis de 2001. En ningún otro lugar se cuenta, como allí, la manera en que procedieron personajes importantísimos del mundo financiero argentino e internacional. Un clásico sobre la historia de la deuda externa, además, es *Deuda externa y poder económico* (Nueva América, Buenos Aires, 1987), de Eduardo Basualdo. Esta enumeración no estaría completa si no incluyera el interesante –y bastante variado– archivo de columnas de economistas publicadas en el diario *La Nación* de Buenos Aires, los trabajos de Julio Nudler y Alfredo Zaiat en *Página/12* y la revista inglesa *The Economist*, que refleja los debates económicos, desde una tendencia conservadora, pero con una apertura y un rigor difícil de equilibrar en la prensa mundial.

Todos estos textos fueron extremadamente útiles al autor –que no es un especialista en temas económicos– para la confección del reportaje a Claudio Loser.

Agradecimientos

El secretario de redacción de *Veintitrés*, Guillermo Alfieri, sugirió la idea de entrevistar a Claudio Loser y luego entendió que el objetivo de la nota sería subordinado –en tiempo y forma— al de la realización de este libro. Marcelo Zlotogwiazda, Claudio Martínez, Reynaldo Sietecase y Adrián Paenza leyeron parte del material cuando recién comenzaba a armarse: alentaron, corrigieron, sugirieron ideas, cada uno en su medida y armoniosamente. Con la excepción del autor, nadie le dedicó tanto tiempo al texto como Alfredo Zaiat, el jefe de la sección economía de *Página 12*, que generosamente cubrió con sus años de estudio y experiencia los baches que tenía un trabajo sobre su especialidad, realizado por alguien ajeno a ella. De todos modos, sería mezquino reducir el aporte de todos ellos a la confección de *Enemigos*. Desde hace muchos años, de una manera u otra, venimos discutiendo con pasión éstos y otros temas, y compartiendo numerosos proyectos personales y profesionales. Sin la compañía de ellos, este libro, como mínimo, hubiera sido muy distinto. María O'Donnel fue durante varios años corresponsal de *La Nación* en Washington y me ayudó a comprender la interna del Fondo Monetario Internacional durante los años a los que se refiere la entrevista con Loser. Eduardo Amadeo aportó el libro *The Chastening*, que me resultó clave para la comprensión de las crisis financieras del sudeste asiático, Rusia y Brasil. Federico Weischelbaum abandonó por un segundo su investigación sobre la teoría de los juegos para acercarme un texto que relaciona a los programas del Fondo con los problemas de desarrollo de los países. Las sugerencias de Marcos Novaro me permitieron percibir algunas exageraciones que contenía el texto, sobre todo en sus primeros capítulos. La editora Leonora Djament me sorprendió por la firmeza que puso para defender sus mejores ideas, y la flexibilidad con que admitió sugerencias. Por distintas razones, que no necesariamente corresponde señalar en público, merecen reconocimiento Diego Gvirtz, Mauricio Tenembaum, Miguel Rep, Cecilia Bardach, Dolores Bosch, Luis Glombovsky, Paulina Chuchi Silber, Ricardo Rosenfeld y María Marta García Scarano.

Este libro se terminó de imprimir
en octubre de 2004 en Primera Clase Impresores